数字经济与高质量发展丛书

数字经济赋能我国工业发展绿色转型效应的计量检验

郭亚帆　海小辉　米国芳　著

中国商务出版社

·北京·

图书在版编目（CIP）数据

数字经济赋能我国工业发展绿色转型效应的计量检验／
郭亚帆，海小辉，米国芳著． -- 北京 ： 中国商务出版社，
2024.5
（数字经济与高质量发展丛书）
ISBN 978-7-5103-5145-7

Ⅰ．①数… Ⅱ．①郭… ②海… ③米… Ⅲ．①信息经
济－作用－工业发展－工业计量学－研究－中国 Ⅳ.
①F424

中国国家版本馆CIP数据核字（2024）第087528号

数字经济与高质量发展丛书

数字经济赋能我国工业发展绿色转型效应的计量检验

SHUZI JINGJI FUNENG WOGUO GONGYE FAZHAN LÜSE ZHUANXING XIAOYING DE JILIANG JIANYAN

郭亚帆　海小辉　米国芳　著

出版发行：中国商务出版社有限公司
地　　址：北京市东城区安定门外大街东后巷 28 号　　邮编：　100710
网　　址：http://www.cctpress.com
联系电话：010-64515150（发行部）　010-64212247（总编室）
　　　　　010-64243016（事业部）　010-64248236（印制部）
策划编辑：刘文捷
责任编辑：刘　豪
排　　版：德州华朔广告有限公司
印　　刷：北京建宏印刷有限公司
开　　本：787 毫米 × 1092 毫米　1/16
印　　张：11
字　　数：197 千字
版　　次：2024 年 5 月第 1 版
印　　次：2024 年 5 月第 1 次印刷
书　　号：ISBN 978-7-5103-5145-7
定　　价：58.00 元

丛书编委会

序

自人类社会进入信息时代以来，数字技术的快速发展和广泛应用衍生出数字经济。与农耕时代的农业经济，以及工业时代的工业经济大有不同，数字经济是一种新的经济、新的动能、新的业态，其发展引发了社会和经济的整体性深刻变革。

数字经济的根本特征在于信息通信技术应用所产生的连接、共享与融合。数字经济是互联经济，伴随着互联网技术的发展，人网互联、物网互联、物物互联将最终实现价值互联。数字经济是共享经济，信息通信技术的运用实现了价值链条的重构，使价值更加合理、公平、高效地得到分配。数字经济也是融合经济，通过线上线下、软件硬件、虚拟现实等多种方式实现价值的融合。

现阶段，数字化的技术、商品与服务不仅在向传统产业进行多方向、多层面与多链条的加速渗透，即产业数字化；同时也在推动诸如互联网数据中心建设与服务等数字产业链和产业集群的不断发展壮大，即数字产业化。

近年来，我国深入实施数字经济发展战略，不断完善数字基础设施，加快培育新业态新模式，数字经济发展取得了显著成效。当前，面对我国经济有效需求不足、部分行业产能过剩、国内大循环存在堵点、外部环境复杂严峻等不利局面，发展数字经济是引领经济转型升级的重要着力点，数字经济已成为驱动中国经济实现高质量发展的重要引擎，数字经济所催生出的各种新业态，也将成为中国经济新的重要增长点。

为深入揭示数字经济对国民经济各行各业的数量影响关系，内蒙古财经大学统计与数学学院组织撰写了"数字经济与高质量发展丛书"。本系列丛书共11部，研究内容涉及数字经济对"双循环"联动、经济高质量发展、碳减排、工业经济绿色转型、产业结构优化升级、消费结构升级、公共转移支付缓解相对贫困等领域的赋能效应。

丛书的鲜明特点是运用统计学和计量经济学等量化分析方法。统计学作为一门方法论科学，通过对社会各领域涌现的海量数据和信息的挖掘与处理，于不确定性的万事万物中发现确定性，为人类提供洞见世界的窗口以及认识社会生活独特的视角与智慧，任何与数据相关的科学都有统计学的应用。计量经济学是运用数理统计学方法研究经济变量之间因果关系的经济学科，在社会科学领域中有着越来越广泛的应用。本套丛书运用多种统计学及计量经济学模型与方法，视野独特，观点新颖，方法科学，结论可靠，可作为财经类院校统计学专业教师、本科生与研究生科学研究与教学案例使用，同时也可为青年学者学习统计方法及研究经济社会等问题提供参考。

本套丛书在编写过程中参考与引用了大量国内外同行专家的研究成果，在此深表谢意。丛书的出版得到内蒙古财经大学的资助和中国商务出版社的鼎力支持，在此一并感谢。受作者自身学识与视野所限，文中观点与方法难免存在不足，敬请广大读者批评指正。

丛书编委会

2023 年 9 月 30 日

前　言 ➡

　　随着我国科技与经济的快速发展，数字经济作为一种全新的经济形态正逐渐成为我国经济社会增长和工业产业转型的重要引擎。数字经济是指以使用数字化的知识和信息作为关键生产要素、以现代信息网络作为重要载体、以信息通信技术的有效使用作为效率提升和经济结构优化的重要推动力的一系列经济活动。数字经济在技术层面上包括众多的新兴技术，如互联网、云计算、大数据、物联网、金融科技等技术。随着信息技术的不断发展，数字经济正在不断地渗透并改造我国的传统经济，相关的应用层面主要是"新零售"和"新制造"。这对于经济体系的可持续发展、未来市场格局的重构、产业竞争力的提高，都具有深远的影响。

　　《中国数字经济发展研究报告（2023年）》的数据显示，中国数字经济规模已于2022年超过50万亿元，占我国GDP的41.5%，各地建设数字化车间和智能工厂将近8 000个，超过240个工业互联网平台在全国的一些区域和行业具有相当大的影响力，其中重点平台连接设备已经超过8 900万台（套），各地基本完成数字化转型。数字经济的基础建设和良好发展的数字产业化已经成为我国经济高质量发展的动能。在未来的社会发展中，数字经济将会是经济发展的主旋律，且比其他传统行业拥有更快的发展机会和更大的发展平台。《中华人民共和国国民经济和社会发展第十四个五年规划和2035年远景目标纲要》明确提出"激活数据要素潜能"，"加快建设数字经济"，"以数字化转型整体驱动生产方式、生活方式和治理方式变革"，"赋能传统产业转型升级，催生新产业新业态新模式，壮大经济发展新引擎"等一系列加快数字化发展和推进产业数字化转型的方案和措施，这一目标纲要体现了国家对数字经济赋能经济高质量发展的高度关注。

2022年我国工业增加值为40.16万亿元，比上年增长3.4%，工业对经济增长的贡献率达到36%，全国规模以上工业增加值同比增长3.6%，高技术制造业增加值同比增长7.4%[①]。2022年我国工业经济回稳向好，工业增长整体趋势平稳，工业对国民经济的支撑和贡献进一步提升，产业发展韧性进一步增强，中小企业专精特新发展进一步加快。现阶段随着工业互联网规模化发展，逐步实现低端产能部分退出市场，整个工业结构不断优化，同时国内企业加快了技术创新步伐，推动数字经济和实体经济深度融合，不断将技术核心和智能制造等新业态引入工业生产，紧跟社会发展步伐，逐步实现工业数字化、智能化。随着我国工业在国际上的影响力逐步提高，我国已经有多家企业实现品牌化和国际化，市场竞争力不断增强。总体而言，我国工业发展状态良好，前景广阔。但不可否认的是，工业不断快速发展的同时也带来了严重的环境问题，生态系统崩溃、自然灾害增多以及水资源短缺等全球性问题引起了社会各界的广泛关注。

基于上述情况，我国的工业绿色转型更为迫切和必要。本书基于对数字经济快速发展且工业发展绿色转型势在必行现状的分析，通过测算数字经济对工业发展绿色转型的赋能程度，以提高工业发展绿色转型的能力，促进数字经济在产业转型方面的发展，为改善我国以往工业发展中的粗放问题，进而改善环境质量，促进生态保护，实现经济与环境的可持续发展提供政策依据。

本书各章编写人员如下：第1章，郭亚帆、张利娟；第2章，何志微；第3章和第4章，曾智慧；第5章，何志微；第6章，何志微、曾智慧；第7章，海小辉、米国芳。最后由郭亚帆对全书进行统稿和完善。

本书在研究过程中参考了大量国内外同行专家的研究成果，在此深

[①] 数据来源：《中华人民共和国2022年国民经济和社会发展统计公报》。

表谢意。

感谢中国商务出版社为本书出版做出的努力。由于作者学识、水平有限，书中难免存在错误及疏漏，恳请广大读者批评指正。

作　者

2023 年 11 月

目　录

1　绪论

1.1 研究背景及研究意义

1.1.1 研究背景

随着我国科技与经济的快速发展，数字经济作为一种全新的经济形态正逐渐成为我国经济社会增长和工业产业转型的重要引擎。数字经济是指以使用数字化的知识和信息作为关键生产要素、以现代信息网络作为重要载体、以信息通信技术的有效使用作为效率提升和经济结构优化的重要推动力的一系列经济活动。数字经济在技术层面上包括众多的新兴技术，如互联网、云计算、大数据、物联网、金融科技等技术。在现在的社会环境中，数字经济拥有强劲的发展势头。随着信息技术的不断发展，基于互联网快速发展、数字经济核心基础技术建设以及产业与数字化的结合现状，数字经济已经成为全球范围内经济增长点和发展趋势之一，同时数字经济也在不断地渗透并改造我国的传统经济，相关的应用层面主要是"新零售"和"新制造"。这对于经济体系的可持续发展、未来市场格局的重构、产业竞争力的提高具有深远的影响。

《中国数字经济发展研究报告（2023年）》公布的数据表明，2022年中国数字经济规模已达到50.2万亿元人民币，占GDP比重为41.5%，各地建设数字化车间和智能工厂将近8 000个，超过240个工业互联网平台在全国的一些区域和行业具有相当大的影响力，其中重点平台连接设备已经超过8 900万台（套），各地基本完成数字化转型。数字经济的基础设施建设和完善发展的数字产业化已经成为我国经济高质量发展的动能。在未来的社会发展中，数字经济将会是长期发展的主旋律，且比其他传统行业拥有更快的发展机会和更大的发展平台。《中华人民共和国国民经济和社会发展第十四个五年规划和2035年远景目标纲要》明确提出"激活数据要素潜能"，"加快建设数字经济"，"以数字化转型整体驱动生产方式、生活方式和治理方式变革"，"赋能传统产业转型升级，催生新产业新业态新模式，壮大经济发展新引擎"等一系列加快数字化发展，推进产业数字化转型的方案和措施，这一目标纲要体现了国家对数字经济赋能经济高质量发展的高度关注。

2022年我国工业增加值为40.16万亿元，比上年增长3.4%，工业对经济增长的贡献率达到36%，全国规模以上工业增加值同比增长3.6%，高技术制造业增加值同比增长7.4%。2022年我国工业经济回稳向好，工业增长整体趋势平稳，工业对国民经济的支撑和贡献进一步提升，产业发展韧性进一步增强，中小企业专精特新发展进一步加快。现阶段随着工业互联网规模化发展，逐步实现低端产能部分渐渐退出市场，整个工业结构不断优化，同时国内企业加快了技术创新步伐，推动数字经济和实体经济深度融合，不断将技术核心和智能制造等新业态引入工业生产，紧跟社会发展步伐，逐步实现工业数字化智能化。随着我国工业在国际上的影响力逐步提高，我国已经有多家企业实现品牌化和国际化，企业的市场竞争力不断增强。总体而言，我国工业发展状态良好，前景广阔。但不可否认的是，工业不断快速发展的同时也带来了严重的环境问题，由于工业发展排出的温室气体不断进入大气表层中，导致温室气体浓度的增加，这些温室气体不断吸收太阳辐射，进而产生温室效应，引发全球气候变化。生态系统崩溃，自然灾害增多，以及水资源短缺等全球性问题引起了社会各界的广泛关注。全球各国应对气候风险的策略和意识不断加强，越来越多的研究和事实不断向我们证实，气候变化的负面影响比原来预计的扩散速度更加迅速，涉及的范围更加广泛，造成的危害更加严重。环境与经济发展的矛盾使人们不断意识到不能以牺牲环境的方式来创造经济效益。

世界环境组织在20世纪就开始关注环境保护问题，不断提出有益于人类经济发展和环境改善的政策。1972年在第一次人类环境大会上正式提出"可持续发展"概念，这是一种协调人类与自然界关系平衡发展的模式。世界环境与发展委员会在1987年出版了《我们共同的未来》报告，该报告将可持续发展明确定义为："既能满足当代人的需要，又不对后代人满足其需要的能力构成危害的发展。"该定义被大众广泛认可。1994年，我国发布了《中国21世纪议程——中国21世纪人口、环境与发展白皮书》，在该议程关于我国经济社会发展的长远规划中首次提到可持续发展战略，这一建议标志着我国在不同地区和领域里开始探索具有中国特色的可持续发展模式。可持续发展开始受到全球各国的关注，与此同时，低碳经济、能源结构优化和绿色转型等应对气候环境变化的措施开始不断进入大众视野。近年来，我国经济快速发展，但始终没有减少对环境保护的关注，在经济发展的同时始终将环境保护放在重要战略位置。继1994年首次提出可持续发展战略后，1997年党的十五大正式提出"在现代化建设中必须实施可持续发展战略"，对现代化建设具有重要的理论指导意义。2012年在北京召开的中国共产党第十八次全国代表大会十分注重经济发展方式的绿色转型,大会提出:"以科学发展为主题,以加快转变经济发展方式为主线,是关系我国发展全局的战略抉择。"由此可见,无论在理论层面,还是在社会实践层面,经济发展绿色转型的重要性毋庸置疑。现阶段我国将习近平生态文明思想和习近平总书记提出的构建人类命运共同体理念作为绿色发展的指导思想,不断推进能源革命和经济低碳转型。2021年9月,习近平总书记在第七十五届联合国大会一般性辩论上发表重要讲话:"中国将提高国家自主贡献力度,采取更加有力的政策和措施,二氧化碳排放力争2030年前达到峰值,努力争取2060前实现碳中和。"由此可见,中国对实现绿色转型的坚定信念,同时不可否认,绿色转型路途很长且任务艰巨。

经济发展和生态环境的关系是彼此依托、互相推动、相互制约的,在历史车轮前行的过程中不可只顾经济发展而不管环境质量。可持续发展的含义是实现生态、经济和社会可持续性。纵观今天的人类社会,可持续发展成为人类发展的主旋律。经济模式的绿色转型,生态经济的日趋成熟,才能保证人类社会发展一直走在可持续发展的道路上。习近平总书记说:"绿水青山就是金山银山。"这里的绿水青山指的就是生态环境和自然资源,涉及人类和生物赖以生存的水源、森林、山野、土地等多方面的资源,是我国自然资源禀赋的一个综合体,同时金山银山也就是经济发展与物质财富。当前我国经济快速增长,但经济发展的动能正处于新旧转换之际,实现经济发展与绿色转型之间的协调发展亟须我国工业发展方式实现绿色转型。

数字经济对工业发展的赋能逐渐成为该行业进行绿色转型的强大驱动力。在此背景下,本书在深入剖析我国工业发展现状、转型面临的挑战以及数字经济发展现状的基础上,运用计量经济学方法,量化分析数字经济赋能工业绿色转型的效应及路径,提出数字经济驱动工业发展绿色转型的对策建议。

1.1.2 研究意义

随着科学技术的快速发展,数字经济已经成为驱动当今经济发展的重要引擎。数字经济不仅在信息技术、金融、电子商务等传统领域带来了新的发展机遇,而且正在深刻影响和改变传统工业生产方式和生态环境。在全球经济数字化发展、产业数字化转型趋势的影响下,新一代互联网新技术新应用与传统产业间的全方位、多角度的深度融合正在成为工业转变发展方式、转换增长动力的新生驱动力量。随着全球变暖和资源枯竭程度的加剧,工业发展绿色转型已成为实现可持续发展的一种必然要求。本书旨在明确我国各省域数字经济和工业发展绿色转型的现状,评估我国数字经济赋能工业发展绿色转型的影响，并分析这种影响在我国不同省域之间的空间效应差异性，根据研究结果分析可能的策略并提出相对应的建议，对我国经济可持续发展具有重要的理论意义和现实意义。

1.1.2.1　理论意义

开展数字经济研究，有助于更好地理解数字经济在经济发展与环境保护中的优势。当前数字经济的发展动力、趋势和前景均较好，加强数字经济的研究与理解可以为政策制定、产业布局以及企业战略提供相关的理论和实践支持。

目前绿色转型理念深入人心，但绿色转型的内涵以及评价还处于发展阶段，学术界还未出现权威性的绿色转型评价指标体系，当前整个指标体系非常庞大，而且绝大多数研究还是关于绿色转型效率或者转型效果的静态评价，对绿色转型幅度的动态研究较少，并且数据缺失、统计量大，难以直接应用研究，工业发展绿色转型动态评价是有待发展完善的研究领域。

在工业发展绿色转型的过程中，数字经济提供了新的发展路径和思路，数字经济理念的贯彻和推广可以为工业绿色转型过程中带来"绿色绩效"，可以更好地提高工业经济效益和环境友好性。探究数字经济赋能工业绿色转型的效应和路径，可以构建数字经济发展与产业绿色转型的分析框架，丰富现有的相关研究，揭示产业绿色转型的发展规律，对进一步探究数字经济等相关新技术革命对绿色转型的影响有重要的理论意义。

本书对数字经济赋能工业发展绿色转型的机制及其发展进行梳理，通过Super–SBM模型测算工业发展绿色转型的效率，不仅明晰了数字经济对工业发展绿色转型的赋能作用以及作用路径，同时推动工业发展绿色转型方面的研究进展，有助于数字经济在赋能其他产业发展以及绿色转型方面理论在实际生活中的应用。其他传统产业可据此依托数字经济的发展红利，推动数字技术和行业融合发展，构建产业新体系、新模式、新技术应用，增强产业内核驱动力，改善服务质量，实现创新性发展并持续释放增长新动能。

1.1.2.2　现实意义

绿色转型在21世纪初的现代社会可持续发展转型研究中占据了首要的位置，成为平衡经济发展和环境质量最有效的途径之一，产业在绿色转型过程中可以解决社会和技术变革中未解决的问题。本书的研究弥补了现有文献的研究不足，不仅丰富了工业绿色转型的相关研究，还将数字经济纳入研究体系，针对数字经济对工业发展绿色转型的效应进行计量检验，并分析其地区差异性，明确数字经济对不同省域工业转型的影响程度。

产业的绿色转型不仅可以为经济发展提供动能，更可以有效改善环境质量。在绿色转型过程中通过一些技术革新、清洁能源的使用以及环保设备的投入可以提高资源的使用效率，推动经济结构转型升级，为企业带来更多的创新潜力和机遇，促进产业升级并提高企业竞争力和可持续发展能力，从而推动经济持续发展。绿色转型主要是用低碳或者零碳的方式替代传统高能耗、高污染技术，在降碳减污的同时促进经济发展并提高环境质量。

当前数字经济发展迅猛，是促进不同产业提高发展素质的重要动力，数字技术在推动传统产业结构升级方面有关键作用，为工业结构的升级带来了新的机遇，并且是工业转型升级过程的支点和重要引擎。虽然一些行业已将数字化技术应用到生产、管理、销售等过程，但数字经济与工业绿色发展尚未充分融合，始终面临着基础支撑不足、管理体系落后、技术和人才约束以及部门缺乏配合等问题。数字经济依托海量数据和丰富的应用场景，为工业结构升级带来了新的机遇，推动了工业生产方式和生产制造的转型升级，形成了更加绿色、智能、优质的工业新格局，丰富了数字经济在工业领域的应用。

当前我国拥有完备的工业体系，在联合国产业分类中所列的全部工业门类中，目前只有中国拥有全部门类，作为制造业大国，我国制造业的品类包含生产生活的方方面面。工业互联网的快速发展为数字经济的发展提供极大的动能，借助我国完整的产业链，不仅可以为工业的绿色转型提供新的发展路径，还可以在后期投入中减少成本损耗，为各个传统产业中数字技术的更新迭代以及数字经济的应用实验提供极大的便利。我国虽然是工业大国，但幅员辽阔，目前各地区之间的经济水平和工业发展还存在差异。前期我国的工业发展大多追求经济的快速增长，是粗放的发展方式，在资源的利用和生产过程中存在低效和高耗能现象，导致环境负荷增加。各区域之间的资源禀赋差异明显，工业发展方式不同，导致各区域的经济发展水平存在差异，久而久之，区域间经济发展和技术差异也导致部分地区环境问题突出。

基于上述背景，我国的工业绿色转型更为迫切和必要。本书的研究是基于对数字经济的快速发展，且工业发展绿色转型势在必行现状的分析，通过测算数字经济对工业发展绿色转型的影响程度，以提高工业发展绿色转型的能力，促进数字经济在产业转型方面的发展，改善我国以往工业发展中的粗放问题，进而改善环境质量，促进生态保护，实现经济与环境的可持续发展。

1.2　研究内容及研究方法

1.2.1　研究内容

本书的研究内容分为以下几个部分：

第1章为绪论。主要介绍数字经济和工业发展绿色转型的研究背景和意义，了解数字经济的发展现状和工业发展绿色转型的重要性，阐明研究内容和重点及使用的研究方法，最后指出可能存在的创新点与研究的不足。

第2章为理论基础与文献综述。梳理有关数字经济和工业发展绿色转型的概念与内涵、数字经济对工业发展绿色转型的影响、工业发展绿色转型对我国经济及环境的影响等方面的文献，在国内外相关文献的基础上阐述对本研究的启示，进而指出研究方向。

第3章为数字经济及工业发展绿色转型现状分析。首先，从数字经济规模、数字经济产业效率两方面选取代表性指标对我国数字经济发展现状进行分析；其次，从工业产业结构、工业发展质量以及工业发展绿色转型的紧迫性和优势等方面分析我国工业发展现状。

第4章为数字经济促进工业发展绿色转型的作用机制分析。首先，阐述发展数字经济对工业发展绿色转型的直接作用，明确该直接机制的积极效果；其次，从数字经济的发展进程中明确人力资本、创新产出及城市化水平作为中介变量，阐述数字经济间接影响工业发展绿色转型的作用路径；最后，据此分析数字经济对工业发展绿色转型的直接作用效应以及如何通过中介变量间接影响工业发展绿色转型的效率。

第5章为我国数字经济水平与工业发展绿色转型效率测度及分析。首先，构建数字经济水平与工业发展绿色转型的评价指标体系，并运用熵权法对指标进行权重测算，计算数字经济发展水平；其次，采用Super-SBM模型测度全国各省域的工业发展绿色转型指数；最后，分别从时间维度和空间维度上对各省域的数字经济发展水平和工业发展绿色转型效率展开分析。

第6章为数字经济赋能工业发展绿色转型影响：计量检验。首先，构建面板数据模型验证数字经济对工业发展绿色转型效率的赋能作用；其次，构建中介效应模型，引入中介变量进行中介效应检验，并且通过稳健性检验等进一步确定结果的可靠性；最后，提炼出三条数字经济发展对工业绿色转型的影响路径。

第7章为结论与建议。根据实证分析结果，总结得出相关结论，结合数字经济和工业发展绿色转型的现状提出相应的对策建议，以期为促进我国数字经济、工业发展绿色转型提供实践经验，为国内国外双循环发展、产业结构调整和经济可持续发展建言献策。

1.2.2　研究方法

本书采用文献分析法、实证分析法等研究方法研究数字经济与工业发展绿色转型之间的关系。

1.2.2.1　文献分析法

在研究过程中，通过梳理和总结大量有关绿色转型的相关文献，查找关于工业发展绿色转型研究的争议点，并针对数字经济对工业发展绿色转型的赋能路径进行梳理，为本书实证研究提供重要的理论支撑。

1.2.2.2　描述统计法

分析讨论当前我国各省域数字经济变化趋势以及工业发展绿色转型水平变化趋势，并比较各省域之间的空间差异。

1.2.2.3　综合评价法

综合评价法主要是选取参评单位涉及的多个指标，通过多元化的评价方式对事物进行综合评价。本书基于2011—2020年全国30个省区市（除港、澳、台及西藏地区）的数据，从互联网发展和数字金融两个角度构建数字经济发展评价指标体系，分为目标层、准则层和指标层三个层级选取指标，采用熵权法测算数字经济综合评价指数；考虑资源、环境对工业经济发展的影响，以劳动、资本、资源为投入指标，以工业增加值及污染物排放为产出指标，采用Super-SBM模型测算工业发展绿色转型指数。

1.2.2.4 计量经济模型法

数字经济赋能工业发展绿色转型影响主要通过计量检验得到结果。首先，基于2011—2020年全国 30 个省区市（除港、澳、台及西藏地区）的数字经济发展水平和工业发展绿色转型水平，构建面板数据模型，通过基准回归实证分析数字经济对工业发展绿色转型的直接影响，添加控制变量，基于中介效应模型进一步探讨数字经济对人力资本、创新产出、城市化水平因素的影响，进而研究其对工业发展绿色转型的间接影响。本书的实证研究部分均通过软件Stata 16.0输出结果。

1.2.3 技术路线图

本书的技术路线如图1-1所示。

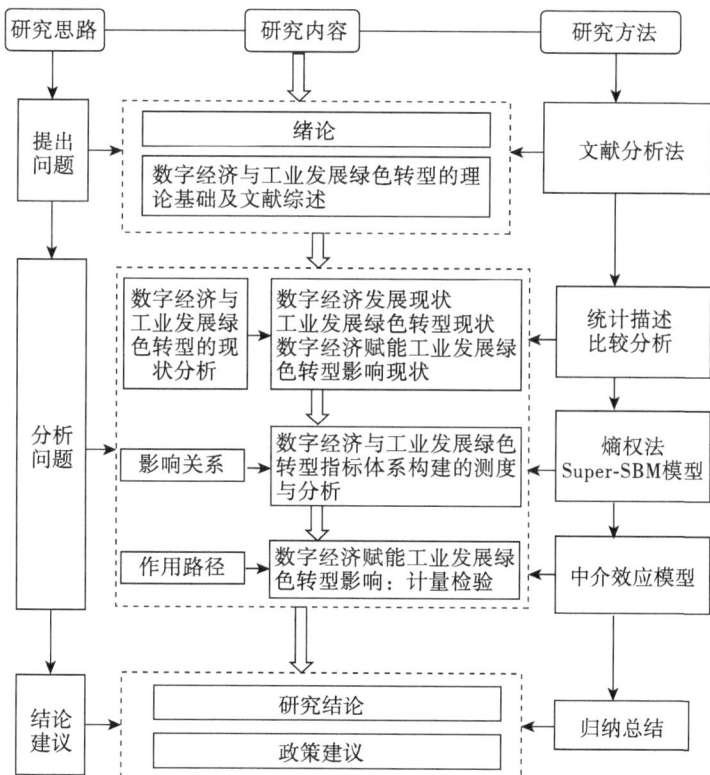

图 1-1 技术路线

1.3 创新点和不足

1.3.1 创新点

第一，数据的使用与评价指标体系的确立。本书主要从互联网发展和数字金融两方面确定数字经济发展水平，进而构建数字经济发展评价指标体系，运用熵权法测算数字经济发展水平；综合考虑了属性的信息量和属性距离，评价结果更全面；能够较为准确地确定多个属性在决策中的权重，避免了主观赋权的问题；可以对决策对象进行评价和排序，得出最终的优先级顺序，有助于决策者进行决策。本书在结合了中国绿色转型内涵的基础上，力求客观公正地构建经济发展方式绿色转型评价指数体系，选取了煤能源消费量、规模以上工业企业固定资产合计、工业用电量、工业用水量、规模以上工业企业从业平均人数作为投入指标，工业增加值（工业企业总产值）作为期望产出指标，一般工业固体废物产生量、工业废水中氨氮排放总量、工业中二氧化硫排放总量作为非期望产出指标，指标涵盖范围广、权重赋值客观透明，能够更加全面地反映我国省域尺度上工业发展绿色转型的现状及变化趋势。

第二，研究角度。对于数字经济影响工业发展绿色转型的实证研究较少，现有研究中对于数字经济促进工业发展绿色转型的中介效应研究较少，鲜见从数字经济赋能的角度探析数字经济对工业低碳化发展的赋能效应。本书对工业发展绿色转型的路径研究提供了新的角度，并且丰富了数字经济和工业发展绿色转型关系的研究。现有的文献大多使用熵权TOPSIS法对效率或指数进行测算，本书使用Super-SBM模型测算了工业发展绿色转型效率。在科学评价工业发展绿色转型效果、定量分析影响因素的基础上，本书按照工业发展的不同阶段提出具有指向性的发展路径，丰富了现有的工业发展绿色转型发展的路径研究。

1.3.2 不足

本书在工业发展绿色转型效率方面的研究存在一定的局限，具体表现在以下几个方面有待改进。

第一，指标选取方面。由于绿色转型内涵及其测度的指标尚未形成统一的标准，且当前我国工业体系庞大，诸多分支尚未明确界定，本书对工业发展绿色转型效率变量的选取，可能存在一定主观性和片面性。因此，还需进一步把握工业发展绿色转型更深层次的含义，在以后的研究中构建合理且全面的工业发展绿色转型理论框架。此外，数字经济对工业绿色转型的影响方式较为灵活且有一定的复杂性，对于二者的路径研究可能存在不够详尽的问题。

第二，计量检验方面。在定量计算数字经济对工业发展绿色转型的赋能成效时，本书采用的量化方法虽然能够较为精准地评估转型水平，但在数据收集方面，部分指标的数据存在遗漏问题，在定量计算时对数据的处理会造成与实际情况的误差，在一定程度上限制了实证检验并影响评价结果。

2 理论基础与文献综述

数字经济以数据作为关键的生产要素，通过现代信息网络传递信息，将数字技术作为核心的驱动力量，在社会发展中推动创新应用并推进产业数字化转型、促进公共服务和社会数字化服务普惠应用、提高政务服务效能和数字政府建设水平，并为实现产业协调均衡发展、公共数据开放共享和良好数字生态等提供了数字化动力。数字经济作为一种新型经济形态，已成为推动传统产业结构升级和绿色转型的关键要素之一，发展数字经济已成为促进绿色经济增长、抢占国际产业战略博弈制高点、打造更具国际竞争力产业集群的重要手段。我国应积极推进数字经济与工业发展绿色转型相结合，推进可持续发展。本章围绕研究主题，对数字经济以及数字经济对工业发展绿色转型的影响的相关研究进行梳理。

2.1　理论基础

2.1.1　数字经济理论

2.1.1.1　数字经济的含义与发展历程

美国学者 Tapscott Don（1997）最先提出"数字经济"一词，他将美国在"国家信息基础设施"计划实施背景下产生的新经济形态命名为"数字经济"，据此他被认为是"数字经济之父"，并在当时前瞻性地表达了数字经济必将成为未来的新经济形态的思想。进入21世纪后，数字经济对经济发展的作用和贡献越来越不可忽视，也受到社会各界的广泛关注和研究。根据经济合作与发展组织（OECD）报告对数字经济的解释，数字经济具有促进生产链产业链数字化转型、产业融合、商业模式转型、提升效率节约成本的特点，通过数据要素实现资源共享，有利于企业战略转型和数字化改造。2016年中国杭州召开G20峰会，数字经济被定义为"以使用数字化的知识和信息作为关键生产要素、以现代信息网络作为重要载体、以信息通信技术的有效使用作为效率提升和经济结构优化的重要推动力的一系列经济活动"。由上述数字经济的含义可以看出，数字经济与传统经济形态所使用的生产要素大为不同，传统经济形态主要以资本和劳动力等作为主要的生产要素，数据信息是数字经济的主要生产要素，不断推动经济效率提升和优化经济结构。现代信息网络和信息通信技术等新型数字基础设施建设是数字经济发展的先决条件。

2.1.1.2 数字经济的特征、作用与挑战

2022年初，习近平总书记在《求是》杂志上发表《不断做强做优做大我国数字经济》重要文章，文章指出："数字经济具有高创新性、强渗透性、广覆盖性，不仅是新的经济增长点，而且是改造提升传统产业的支点，可以成为构建现代化经济体系的重要引擎。"数字经济是经济发展的主导力量，不仅可以促进实体经济转型升级，还可以改善经济体系、增进社会福祉，并促进治理现代化。

赵西三（2017）、杨新铭（2017）、张伯超和沈开艳（2018）指出，数字经济通过优化配置社会资源，促进数字基础设施互联互通建设。可以提升产品治理，全面改变传统经济的盈利模式，并不断改变市场结构，拓宽经济计划配置资源的边界。优化效率，解决转型升级中的"痛点"问题。梁琦等（2021）、焦帅涛和孙秋碧（2021）、翟淑萍（2022）、刘新智（2022）认为，数字经济显著推动产业链技术革新和企业劳动投资效率，推动产业内部结构升级并促进绿色创新质量的发展。傅立海和张振鹏（2022）指出，受经济基础、产业结构、资源禀赋和政策调控等多方面因素的影响，世界各国在发展数字经济时已经形成侧重产业优势转化、国家战略布局和技术创新等典型的适宜本国的发展模式。并且随着现阶段新技术的应用与不断更迭，全球数字经济将会向更高端、更优质、更多元和普及化的方向发展。张辉（2022）指出，技术和市场是数字经济的双核驱动力，数字技术深刻改变了生产、分配、交换和消费四个环节中的每一个部分，与以往的传统技术有着完全不同的特征。他认为，数字技术的每一次底层突破都将会引发新一轮的市场更迭，我国在发展数字经济时，要特别注意构建市场规模与底层技术之间的互动循环机制，利用好数字技术对产业升级的促进作用，在数字经济领域更要避免垄断的出现并努力维护公平竞争环境，引导数字经济良性发展。秦晓鹏（2023）认为，由于大数据技术和互联网平台的快速发展，推动了信息技术向传统产业的延伸，再加上国家宏观政策的支持以及企业间的通力合作，大数据实现了面向传统产业的数据赋能。因此，传统产业在数字化转型升级，发展数字经济的时候不仅可以享受到大数据的优势，还可以直接发挥大数据的优势。传统产业借助数字化赋能可以快速且有效地转变生产经营模式，优化企业管理。顾鸿儒（2023）指出，目前中国工业互联网标识的解析

体系已经全面覆盖了全国31个省区市，工业互联网将成为制造业数字化的重要着力点，广泛赋能全行业数字化转型升级，中国数字经济的赋能作用进一步凸显。并且国内大型互联网平台在海外不断拓展，发展步伐将会持续加快，十分有利于建立健全中国产品的数字化出海渠道，成熟的数字技术和良好的数字服务将会推动中国企业实现高水平的"走出去"。毛明晨和李晓林（2023）从国内和国际两个方面分析我国数字经济发展现状。当前我国数字经济发展规模大但发展质量不高、发展速度快但发展水平不高。在国际社会发展中，美国在数字经济领域竞争优势较大，具有强大的综合优势，而我国的数字经济发展主要是我国产业拥有强劲的动能技术。为了更好地发展数字经济，在基础设施建设，网络安全法律法规以及数字发展人才方面提出建议。

2.1.1.3　数字经济的分类

在国家统计局网站公布的《数字经济及其核心产业统计分类（2021）》是由政府推出的信息化指标体系文件，该文件分别从"数字产业化"和"产业数字化"两个方面确定数字经济的基本范围，将涉及的产业分为数字产品制造业、数字产品服务业、数字技术应用业、数字要素驱动业、数字化效率提升业5大类。其中前四个行业属于数字产业化部分，数字化效率提升业则属于产业数字化部分。数字产业化部分涉及《国民经济行业分类》中的26个大类、68个中类、126个小类，主要包括计算机通信和其他电子设备制造业、电信广播电视和卫星传输服务、互联网和相关服务、软件和信息技术服务业等，它们是数字经济发展的基础，并且它们都属于数字经济核心产业，该产业是指为产业数字化发展提供数字技术、产品、服务、基础设施和解决方案，以及完全依赖于数字技术、数据要素的各类经济活动。产业数字化部分涉及《国民经济行业分类》中的91个大类、431个中类、1 256个小类，体现了数字技术已经进一步与国民经济各行业产生深度渗透和广泛融合。这一部分包括应用数字技术和数据资源为传统产业带来的产出增加和效率提升，是数字技术与实体经济的融合。该部分主要包含智慧产业和数字应用两方面的内容，涵盖智慧农业、智能制造、智能交通、智慧物流、数字金融、数字商贸、数字社会、数字政府等数字化应用场景。

综上所述，数字经济受到各界的关注，并对传统行业的改造升级具有较大的推动作用，目前国际上已经存在较为成熟的数字经济发展模式，我国的市场和政策环境以及工业体系和基础设施的发展十分有利于数字经济向传统行业赋能，从而实现传统行业绿色转型。

2.1.2　工业发展绿色转型理论

绿色转型理念是指在产业发展过程中以生态文明建设为主导，将传统的经济、社会和环境模式转变为更加环保、可持续和低碳发展的模式。实现绿色转型就是基于可持续发展的目标，在生产生活中减少对自然资源的依赖和损耗，推动经济的绿色增长，并提高环境质量，实现人、自然、社会的和谐发展，既能满足当前人类的需求，又不影响子孙后代满足其需求的能力。绿色转型涉及多个行业，包括能源、交通、建筑、农业、工业和城市规划等，实现传统行业的绿色转型不仅可以减少污染和废物排放、保护生物多样性、改善人们的生活质量，还可以创造就业机会和促进创新等。

推动产业结构的绿色转型在实现经济社会高质量发展的同时也能助推我国"双碳"目标的实现，实现生态保护、人与自然和谐共生。实现城市经济的高质量发展，需要强化产业间链式思维，提高新技术、新工艺、新设备的投入与使用，推进产业数字化、智能化、绿色化发展，减少污染物的产生，改变产业高排放但低效益的非环保模式。以现代化产业的"含绿量"提升高质量发展的"含金量"，促进产业绿色发展对于资源、生产生活、经济发展的可持续性。健全政策引领，构建以实体经济为支撑，制造业为骨干的现代化产业体系，在构建现代化产业体系中加快绿色转型。

工业发展绿色转型的概念界定并没有统一标准。最先始于经济合作与发展组织（OECD）提出的"绿色经济"一词，是在可持续发展思想上产生的新型经济发展理念，绿色经济的社会形态适应人类环保与健康需要，之后逐渐发展为"绿色转型"，该含义主要强调以循环经济为基础，通过有益于环境改善的经济行为，减少环境风险从而实现经济增长和应对生态环境危机的双赢措施，达到可持续发展的目的。工业绿色转型涉及多个方面，包括能源利用、物质循环、排放控制和技术创新等。工业绿色转型意味着减少对化石燃料的依赖，开发和应用环保技术，增加可再生能源的使用并减少污染物的排放，提高生产过程的效率和可持续性。中国社会科学院工业经济研究所课题组（2011）认为，实现工业产业链的绿色转型会对经济社会的发展产生重大影响，在工业绿色转型的过程中必定要放弃传统高污染技术，付出一定的成本和代价，但随着转型的完成，高效绿色的生产活动将会给经济发展和生态环境带来明显的改善。总体而言，转型成功后带来的收益远远高于转型过程中付出的成本，这成为推动中国工业绿色转型的根本原因。

目前学术界关于工业绿色转型的研究角度较多，李平（2011）从发展效益方面来说，工业发展绿色转型就是以绿色创新为核心，实现生产过程的可持续发展，达到经济与环境的双赢。彭星和李斌（2015）从发展方式和环境改善方面而言，工业发展绿色转型要实现从高碳污染到绿色减排的过程。朱东波和任力（2017）从产业结构方面认为，工业发展绿色转型是实现清洁产业生产。郭克莎和田潇潇（2023）从工业发展方式的内涵出发，认为工业发展的绿色转型主要改变工业发展方式，提升工业的生产效率、能源使用效率、工业污染防治及治理效率；优化产业结构；转变生产方式和消费方式。在工业绿色转型后工业附加值得到提升，工业结构更绿色化和高级化，工业生产和消费方式实现可持续性发展。

明确了工业绿色转型的含义后，关于工业发展绿色转型的路径研究多为强化创新、调整产业结构和外部因素。魏丽莉和侯宇琦（2023）指出，我国在"全球共建"政策理念的指导下，推行的绿色发展的路径主要有三种，分别是调整产业结构、技术创新和环境规制。调整产业结构通过提高清洁行业产值占比来转换产业发展结构；技术创新则是利用技术进步提高资源利用效率或对污染生产技术进行替换；环境规制则是通过推行"绿色新政"等绿色发展政策，倒逼企业进行绿色化转型。

李平（2011）、蓝庆新和韩晶（2012）、董秋云（2017）、彭薇等（2020）和李新安（2021）在实证研究中，均认为在工业绿色转型过程中应不断推进技术创新。技术创新对绿色转型不仅具有正向直接作用和间接促进作用，还具有积极的溢出效应。提出技术创新可以增强绿色转型的内生动力，消除阻碍因素。赵春艳和郝银辉（2023）指出工业绿色转型是基于生态与经济和谐共生理论，要走新型工业化道路，充分发挥工业经济时代的后发优势，以信息化带动工业化，实现工业生产全过程绿色化，坚持可持续发展原则，最终兼顾环境效益与经济效益。在经济高质量发展的驱动下，推动区域协调发展，强化科技创新将会促进工业绿色转型。

卢强等（2013）指出，加快工业绿色转型不能仅依靠提升技术水平和污染治理，应当从源头控制，加快工业结构转变。傅为忠和黄小康（2016）、赵洪生（2017）和李煜华和袁亚雯（2021）认为，产业结构调整是实现绿色转型的基础，促进工业绿色转型，要不断优化工业结构，提高能源效率，实行绿色循环低碳生产方式，加强工业污染治理。

龚小波（2015）认为，公民的绿色转型责任意识对工业城市进行绿色转型具有促进作用。齐亚伟（2018）、张瑾华和陈强远（2021）认为，适宜且严格的环境规制对绿色转型的效用较大，建立多效环境制度可以加快绿色转型。

工业发展的绿色转型不仅需要工业企业内部产业技术的改革，还需要进行人力资本的投资，同时国家政府也相继出台相应的政策约束产业发展，在多方的共同努力下实现工业发展的绿色转型。目前工业发展绿色转型涉及的主要理论分别为可持续发展理论、工业生态理论、产业结构理论、绿色技术创新理论、人力资本理论、城市化水平理论等。

2.1.2.1 可持续发展理论

随着能源危机所造成的生态破坏不断威胁人类的生存，"经济增长＝社会发展"的模式受到了诸多质疑，人们开始重视生态文明建设，呼吁在发展经济的同时要特别注重生态环境的保护。1987年，世界环境与发展委员会出版《我们共同的未来》报告，将可持续发展定义为："既能满足当代人的需要，又不对后代人满足其需要的能力构成危害的发展。"这一理论体现了公平性、持续性和共通性的三个基本原则（汪行，2019）。公平性原则是指现阶段面对大自然有限的资源，当代社会的每个人对资源与环境的需求是平等的，并且每一代人都拥有同样的选择机会，当代人要为后代人留有足够的发展空间（Polasky，2019）。持续性原则是指人们要在生态可承受的范围内确定经济的发展进程，发展不能毫无节制，开发利用自然资源时要以资源的再生性为标准。社会和经济的发展不能只看眼前，要用长远的目光来看待社会的发展和资源的使用。共通性是指可持续发展关系到全球各国的发展，面临环境污染没有任何一个国家可以独善其身，每个国家都应该承担起保护环境的责任，保护生态、改善环境质量需要各个国家和地区的共同行动。

可持续发展理论主要涵盖了经济、社会和生态的可持续发展，并强调三者之间的平衡发展（Giddings，2002）。首先，在经济可持续发展方面，可持续发展理论并非只注重保护环境而反对经济发展，该理论是在经济增长的同时更加关注经济发展的质量。与传统的生产模式相比，经济可持续发展更加强调节约资源、降低污染排放，以清洁生产模式来实现经济发展效率的最大化。其次，在社会可持续发展方面，可持续发展要求我们以人为本，为国民创建一个自由、平等、公平的社会环境，切实保障人民的生活条件、健康状况以及幸福指数等，最终实现社会持续、稳定、健康发展。最后，在生态可持续发展方面，可持续发展聚焦于发展的有限性，要求将经济建设融入自然生态系统的正常循环之中，形成社会与生态、环保与发展和谐共存的理念。综上所述，经济、社会、生态的可持续发展彼此既相互影响又相互协调，构成宏观的可持续发展理论。可持续发展理论为我国实现经济的健康和环境的持续稳定发展提供了思路，对本书具有重要的指导意义。

2.1.2.2 工业生态理论

工业生态学理论主要研究工业系统和自然环境之间的关系。工业系统在生态过程中存在供应者、生产者和用户，并依靠他们作为载体实现能量的流动和物质的循环，该系统和废弃物的回收与处理之间存在密切的关系。工业生态希望可以像自然系统一样实现资源的高效利用和循环利用，最终实现能源的最小损耗，达到清洁使用，减少源头污染的产生。

工业生态学的设想最早出现的时间是1989年，由通用公司的汽车研究实验室的罗伯特·弗罗斯彻（Robert Frosch）和研究发动机的尼古拉斯·格罗皮乌斯（Nicholas E. Gallopoulous）在《科学美国人》（*Scientific American*）杂志上提出，他们首先提出问题："为什么我们的工业在生产和流通中不能像生态系统一样实现物尽其用？在自然生态系统中一个物种产生的废物，经过一段时间的变化就成为另一个物种的资源，那为什么工业产生的废物不能成为另一种产业的资源？如果工业也能像自然生态系统一样实现废弃物的转化和利用，那么对原材料的需求在工业生产的各流程中就可以大幅减少，减弱工业生产对环境的污染并能节约废物垃圾的处理成本。"1991年10月，联合国工业发展组织给出工业生态理论最具有代表性的解释是：工业生态是一种兼顾环境与工业发展的模式，实现循环生产和清洁生产，工业发展达到对自然环境无害或者生态系统长期稳定的状态。从长远利益来看，在工业发展中生态环境得到保护，在生态环境保护中实现工业发展。据此塑造的环境生态观模式的工业结构是全球可持续发展在工业方面的具体体现。投入工业系统中的资源和资金经过一系列的工业生产最终会成为废弃物垃圾，而工业生态学致力于将废弃物垃圾转为新的资源并希望可以将这些废弃物垃圾加入新一轮的系统运行过程中，实现资源的循环利用。力图将工业生产过程纳入生态化的轨道上来是生态工业区别于传统工业的最大亮点。工业生态学把整个工业系统当作一个生态系统看待，此时在该工业生态系统中的能源、产品和信息之间的流动是循环运行的，甚至可以形成闭环运行，而不是像之前一样简单的单线流程或者孤立叠加过程，而是相互依赖，循环作用最终形成复杂的、多向的、相互连接的一个网络系统。工业生态学认为，在生产过程中，应该通过循环渠道获得产品需要的原材料，并且每种工艺，在产品、工艺、服务和操作过程中产生的一些残余物并不作为废弃物看待，在产品设计初应当考虑该产品在生命结束之后还可以用来生产其他的产品，并保留所用材料特有的可利用性。工业生态的主要特征分别是把工业生产、资源开发以及能源利用的物质实现闭路循环和能量多级利用；在工业的生产经营决策要素之中加入生态环境保护，按照生态经济的规律要求实行对现代工业的生产和管理；工业生产实现以投入"三低"和产出"三高"为主要特征的高质量发展模式。实现工业生态化就是将工业经济效率和绿色效率纳入工业生产效益模型中，将经济目标和环境目标融为一体，实现经济行为对环境污染的影响最小化。

现有的文献关于工业生态系统的研究主要针对工业废弃物的循环利用。汤慧兰和孙德生（2003）认为，工业生态系统由位于一定的区域或者范围内，不同的生产部门和服务企业在生产活动和废弃物处理中，通过部门间的信息流动、物质循环和能量交换的功能流相互作用、相互影响而形成的生态工业体系。石磊（2008）从工业共生、基础设施以及工业发展的可持续性等相关领域分析了工业生态学。他认为工业生态学最具特征的领域是工业共生。由于工业的发展是副产物和废物不断得到开发和利用的过程，废弃物交换就成为工业发展的必要手段，工业共生成为工业发展的常态。基于此，石磊提出生态工业园区是实现工业共生最主要的形式，园区内的各企业在不断置换中可以实现资源的有效利用，并逐渐发展不断构建废物交换网络，建立废物交换信息系统。不可否认，工业生态学的发展具有多样性、复杂性。工业系统处在复杂的自然生态系统中，在对工业的发展和改造过程中有意识或无意识割裂了工业在生态系统中的关系，不但导致工业生态学没有实现可持续发展，反而造成项目失灵和瘫痪。最终石磊考虑本体论、方法论和隐喻三个标准，对于工业生态学的界定表述为在工业生态学领域，产业发展是生物物理基础，是一种关于工业系统结构与自然生态系统一体化一类复杂系统，他的产业系统在性质方面更接近于生物系统。秦书生（2009）认为，我国的工业企业发展在实现工业化的过程中，随着工业企业数量快速增加，传统的高排放、高污染型工业生产方式导致产品附加值低、资源浪费大、环境污染严重远超过环境容量等一系列环境问题使工业化进程放缓。循环清洁型的工业生产方式可以使废物转变为资源，减少了原材料的需求和再加工，工业污染物的排放得以减少；当工业生态系统中的企业对工业污染的处理方式以生产全过程的污染预防与控制为主，末端的污染治理方式并不断从旁协助，可以在很大程度上减少工业生产过程中产生的污染。工业生态系统以生态环境永续发展为中心，强调工业体系与生态环境的协调发展，当工业生态区域产生的"废气、废水、废渣"等工业"三废"得到循环利用并实现清洁处理，最终排放到环境中的污染物量必然会减少，对环境造成的破坏也随之减少。创建工业生态系统并合理利用资源，促进清洁技术的使用并改善能源消费结构，可以促进生态绿色技术与环保产业的发展，改善工业生态区域内的环境质量。

2.1.2.3　产业结构理论

产业结构理论是指社会再生产过程中，一个国家或者地区经济的不同产业组成和发展趋势，体现了不同生产要素在部门间和产业间的配置状态。

威廉·配第在17世纪首次发现全球各地产业结构的不同将会影响居民的国民收入水平，并且是影响国民经济发展的不同阶段的主要原因。他在1672年出版的《政治算术》一书中，通过对从事不同行业的居民的国民收入的研究得出结论：从事工业的居民比在农业工作的居民收入多，从事商业的居民又比在工业工作的居民收入多，也就是说，商业、工业和农业三者相比，商业的附加值最高，工业次之，农业最低。该结论揭示了产业与经济发展的基本方向。克拉克通过整理和比较40多个国家和地区的不同阶段三大产业劳动投入与总产出，在1940年发表的《经济发展条件》一书中归纳出产业结构变化的一般性规律并据此建立起完整、系统的理论框架。他发现劳动力在三次产业中的结构变化与人均国民收入的提高存在着一定的规律性：以经济在时间推移中的变化为理论前提，劳动人口不断从农业向制造业、进而从制造业向商业及服务业逐渐移动。也就是说，劳动力的流动方向与产业收入的相对差异存在关联，随着经济社会的发展，劳动力更倾向于流入收入更高的第二、第三产业。库兹涅茨在1941年引入产业的相对国民收入这一概念，他将产业结构重新划分为"农业部门""工业部门"和"服务部门"。在其著作《国民收入及其构成》中阐述了国民收入与产业结构间的重要联系。库兹涅茨产业结构论的主要内容是：农业部门所带来的国民收入所占的比重和相对应的就业占比不断下降，在大多数国家都低于工业部门和服务部门；工业部门在增加收入和就业方面的重要性不断提升，国民收入所占的相对比重呈上升趋势，服务部门的产值占比和劳动力相对比重几乎在所有国家中都是上升的。由于产业性质的不同造成居民国民收入出现差异，出现人口的流动，引起了产业结构的变化。罗斯托首先提出了主导产业及其扩散理论。他认为，经济之所以能够在任何时期甚至在一个已经成熟并持续发展的经济体系中保持比较稳定的增长趋势，是因为经济体系中存在的主导部门迅速扩大的结果，而且主导部门的扩大效应又会对其他产业部门产生联动反应，进而促进所有产业的不断壮大，提高经济体系和产业链的整体水平，即产生了主导产业的扩散效应，当主导产业实现规模扩大和经济增长时，生产要素的需求也会不断增加，并且带动经济和社会发展，另外由于主导产业的发展，会促进该产业的上下游产业也进行改变，产生联动效应，催生了新的产业发展。产业结构升级的理论一直在发展和演变，随着经济的快速发展，原有的产业结构无法继续维持和促进经济增长，只有进行产业结构的优化与升级才能满足经济的发展。产业结构转型升级通常是指使各次产业之间协调发展，产业结构不断优化，产业总体发展水平不断提高的过程。现阶段数字的产业化发展为传统产业转型升级提供基础性和先导性条件（陈晓东、杨晓霞，2021），进而推动整个经济高质量发展。

2.1.2.4 绿色技术创新理论

绿色技术创新包含节能、可再生能源技术、少（无）公害化技术、污染控制和防治技术的创新，引入这样的绿色创新技术有利于构建绿色、高效的生产经营模式。

1994年，国外学者 E.Brawn 和 D.Wield 在次生环境问题频发的情况下提出绿色技术，他们认为，该技术的应用既能减少社会生产所造成的环境污染，又可以降低资源的消耗强度，从而改善生态。绿色技术创新内涵由此发展而来。欧盟委员会将绿色技术创新定义为一种集合概念，主要的要素为相关的环境生态知识、能力和物质，它包含技术、产品、工艺三个方面的创新，关注减少污染和处理废弃物两方面的技术创新。绿色技术创新要求遵循自然发展规律，与可持续发展战略密不可分，追求社会效益与经济效益的统一，维护自然生态环境的平衡。从欧盟委员会的定义可以看出，绿色技术创新是个注重生态环境、强调环境治理的技术创新概念，与传统技术创新不同，绿色技术创新强调"绿色"二字。绿色技术创新理论的核心是实现人与自然的协调发展，是一种新型的人与自然关系，从生态社会的角度搭建可持续发展格局，建立环保、高速、高质量的绿色技术体系，最终实现经济高质量运转、资源高效利用、污染有效防治、环境质量稳步提升的目标。

绿色技术创新理论不同于传统技术创新理论，其特点主要有以下几点。一是经济价值外部性。传统技术创新的理论支撑是自然科学，宗旨是利润最大化，重点关注经济发展和利益收入，较少关注对环境的影响和对生态的破坏。绿色技术创新理论则是建立在生态学和环保知识的基础上，生态价值处于核心地位，在外部性的作用下会产生积极的溢出效应，相较于市场上现存的产品有着较低的外部成本。最高的经济价值是指当绿色技术投入生产中，所有的社会成员均能享受到干净的水资源，良好的空气质量效益。政府、科学组织和消费者等作为社会的一员对于绿色技术创新带来的效应具有评判权力，相关环保和研究部门等不断参与绿色技术创新的研发和推广过程（王轶群，2022）。二是经济和生态的协调。传统技术创新单方面追求企业利润和经营结果的最优，增加投入要素的技术水平或数量但不进行绿色技术创新和污染治理，这在一定程度上会导致"重经济发展、轻污染防治"，对生态环境破坏严重。而绿色技术创新理论是依据绿色发展观和环境友好理念发展起来的，在技术创新的基础上引入了清洁生产、绿色循环、人与自然友好相处的理念，在绿色技术的研发和推广、产品的生产和流通、污染的产生与防治过程中强调环境效应，维护生态平衡，重视绿色发展。三是行为主体。传统技术创新理论关注企业的纵向发展，技术创新是企业内部自上而下发生的改革，最大的获益者是企业个体。而在绿色技术创新理论中，绿色技术创新由于知识的溢出性，拥有创新行为的企业会不断吸引其他企业争相学习，形成点带面的创新效应，不断推动行业甚至整个社会的绿色创新，实现技术进步、经济增长和保护环境之间的协调统一（左志会，2023）。

绿色技术创新需要进行技术范式转换，在技术创新中引入环境保护，人与自然协调发展的理念，将生态作为技术发展进步的核心，引导技术向防止和治理污染，改善生态方向转变，这本身就与可持续发展原则是殊途同归的。同时通过技术创新解决资源消耗和能源结构的难题，减少公害事件的发生，探索"绿色发展"道路，实现可持续发展。

2.1.2.5　人力资本理论

人力资本是企业在生产过程中投入的非物质资本，是一种体现在劳动者身上的资本，主要表现为劳动者的理论知识水平、社会实践能力和身体状况等。

古希腊思想家柏拉图最早表露出对人力资本的重视，他认为，教育不仅具有教化价值还具有一定的经济功能。亚当·斯密（Adam Smith）则是将人力看作资本的开创者，他认为，促进国民财富增长的源泉之一是劳动者质量的提高，而劳动者劳动技能熟练程度的增强需要通过系统的教育培训才可以实现。至20世纪60年代，人力资本开始从思想逐渐演变成系统的理论，美国经济学家西奥多·W.舒尔茨（Theodore W.Schultz）和加里·S.贝克尔（Gary S.Becker）为该理论的完善作出了重大贡献。1960年，舒尔茨第一次提出"人力资本投资"，他在这场围绕"人力资本投资"的演说中第一次系统地向学术界阐述了他的理论，他认为，人力资本是体现在劳动者个体身上的经济价值，并随着个人成长、家庭投资以及教育培训的投入不断积累，具体表现为劳动者在生产过程中所运用的生产性知识、专业技术和管理技能以及劳动者的健康素质的存量总和。舒尔茨和亚当·斯密一样认为，人力资本已经成为国民收入增长的一大源泉。此外，舒尔茨通过实证研究了人力资本投资的收益率，结果显示，与机器、设备、厂房等传统生产要素相比，主要通过教育实现的人力资本投资可以为企业带来更多的物质财富，资本收入率更高。人们所受到的教育与对经济的拉动作用的关系呈正相关。但人力资本无法单独作为要素投入推动经济增长，仍然需要和物质资本一起以合理比例共同投入实际生产中，才能使资本得以充分吸收，实现最优的生产效率。在此之后，贝克尔从劳动者个体角度进一步扩展和延伸了舒尔茨提出的人力资本理论，他第一次提出使用成本—收益方法对人力资本投资情况进行分析，从家庭和个人的角度出发，他认为，人力资本是劳动者本身通过知识、技能、健康、寿命等在经济活动中表现出的追加价值，而人力资本投资的收益外在具体表现为劳动者工资水平的提升，它不仅会影响劳动者当前时期的实际货币收入，还会影响劳动者现阶段对未来预期收入的判断，但该理论最大的缺陷是没有很好地考虑到人力资本建设的成本问题。

衡量一个国家的人力资本水平的基本要素是该地区的人口受教育程度，个人能力的提升需要通过各种教育实现，坚持优质的教育是促进人力资本发展的基础和关键。党的十六大以来，我国不断出台新政策，加大对教育的投资力度，推动义务教育公平，切实保障人民群众公平接受良好教育的机会，在义务教育方面，2003年全面免除农村义务教育学杂费，大力实施西部地区"两基"攻坚计划，并组织实施了一系列技能实用型人才培训等工程，开展再就业技术培训。高等教育方面合理把握高等教育招生规模，推进素质教育，高水平大学建设不断带动整体教育水平和教育质量的提升，科技创新能力和社会服务能力逐渐提高。在第七次全国人口普查登记中，我国现阶段受教育水平大大提升。目前每10万人中拥有大学文化程度的有15 467人，高中文化程度的有15 088人。与第六次全国人口普查相比，每10万人中拥有大学文化程度的由8 930人上升为15 467人；拥有高中文化程度的由14 032人上升为15 088人；文盲人数减少了16 906 373人，文盲率由4.08%下降到2.67%，我国现阶段的居民受教育水平明显提高，教育发展水平显著提升，居民素质不断提升，基本实现教育现代化并基本形成学习型社会。为了实现我国更高水平的普及教育，国家不仅提供更加丰富的高等教育和技能教育，还构建体系完备的继续教育，这些措施有助于实现终身教育的全民参与，实现我国进入人力资源强国行列的目标。

企业中人力资本的增加可以直接促进产业结构升级，同时还可以提升技术创新水平。在数字经济不断赋能传统行业的绿色转型过程中，人力资本的调节作用更加显著。

梁超（2013）、王京滨和乔慧玲（2022）、马光菊（2023）指出，人力资本水平的提升会影响企业的生产经营效率，正向改善我国的TFP增长率。人力资本结构高级化，不仅会促进经济韧性与产业结构升级的协同发展，而且会加速技术扩散从而促进产业持续升级，对产业结构高级化转型的促进作用也非常明显。

梁超（2013）、徐远华和孙早（2021）指出，高技能人才和高素质人才在企业中所占的比重越高，企业的R&D投入就会更活跃，人力资本对我国工业技术创新的推动作用更明显。

周均旭等（2023）根据长江经济带的数据发现，在数字经济发展促进城市的绿色创新水平的作用途径中，人力资本具有正向调节作用，并且是促进绿色创新的关键。李文国和刘亮坤（2023）发现，数字经济可以显著推动区域创新绩效和我国的高等教育人力资本的提高，并且高等教育人力资本作为中介变量的形式间接提升区域的创新绩效。高等教育人力资本本身就意味着随着教育年限及等级的提升人力资本积累了大量的知识储备，丰富的知识积累为实现创新奠定了坚实的基础。人力资本高级化对地区创新水平提出了更高的要求，高级人才作为受过较高水平教育的消费者对新鲜事物的接受程度更高，更有信心和实力去承担消费风险，尝试新时代下新技术带来的新的消费模式和产品。地区人力资本水平的提高，为实现区域创新提供了充足的人才支撑与创新需求，对地区的创新活动产生积极影响，从而有助于区域创新绩效的提升。

2.1.2.6 城市化水平理论

城市化率也叫城镇化率，主要是用来衡量一个地区的经济发展程度。目前针对城市化水平主要有三层含义，一是指一个地区、一个国家或者全世界居住在不同水平的城镇中的人口占当地所有城乡人口的比例。二是指集聚程度达到了可以称为"城镇"的居民点的数目。三是指单个城市的人口和用地规模。当前使用第一种含义是世界各国衡量当地城镇化进展情况的最基本方法。当前国内外有关中国城市化进程的研究主要以钱纳里模型为基础，将工业水平、经济发展水平纳入关系模型，进而得出互动关系及相关的结论。

我国目前的城市化进展主要分为四个阶段。第一阶段：城市化起步阶段（1949—1979年）。新中国成立之初，大规模的战后重建和经济恢复，以及第一个五年计划带来的工业化发展加速，都促进了我国城市化进程的加快。但在该阶段，城市化与工业化严重脱节，1949—1978年，我国工业产值占国民经济的比重从25.1%

增长到59.4%，但同期城市人口比重仅从10.6%增加到17%。二十世纪六七十年代，我国的城市化进程基本停滞。由此可见，在起步阶段，我国的城市化发展不但缓慢而且有所反复。第二阶段：城市化初步发展阶段（1980—2000年）。改革开放以后，我国的工业化与城市化终于接轨。至2000年，我国城市人口比重达到36.1%，国民经济逐渐摆脱束缚与迷茫，城市化的进程终于走上了快速发展的通道。第三阶段：城市化快速发展阶段（2001—2010年）。此阶段，中国特色的城市化道路仅局限于城中村的改造、行政区划调整和乡镇、县城的改制，但高污染、高成本的运行模式依旧，贫富差距拉大、房价飞涨、交通堵塞成为这一时期城市的主要标志。这十年城市化率稳步提升，基本形成了三个城市群、七大城市带、50个城市圈的区域一体化城市发展模式。第四阶段：新型城镇化发展阶段（2011年至今）。2011年是中国城市化发展史上具有里程碑意义的一年，根据国家统计局数据，2011年我国城镇人口占总人口的比重首次超过50%，达到51.27%。

国家新型城镇化规划明确了现阶段以"新型城镇化"为表现形式，新型城镇化阶段更加注重以人为中心建设城市。城市群、都市圈、中心城市的布局不断完善新型城镇化蓝图，构成了中国城镇化战略的拼图。新型城镇化是实现现代化、保持经济持续健康发展和加快产业结构转型升级等的必由之路。该规划还在原有规划的基础上，加入了"两横三纵"的城市群战略格局。新型城镇化更加强调可持续发展、产业结构调整及多方协调发展等注重提升质量的方式，从而实现城镇化的合理发展。城镇化可以缓解农业发展动力不足、环境污染严重、社会不公平问题突出以及城乡关系不协调等现象，能解决城市在经济增长方式、技术创新、规划管理、生态环境建设等方面面临的突出问题。

城市化发展的不同阶段各有其主要矛盾，不同时期的城市化实际上就是解决不同阶段的主要矛盾，从而推动城市与社会经济的跨越发展，因此，城市化发展的重点会随着时间的推移而改变。在生产力水平低下的地区，人民最基本的生存需要得不到保障，此时解决主要矛盾的根源在于解放思想以推动生产力的发展，通过工业化带动城市化。同时，市场经济成为影响地区经济发展的重要推动力。在此背景下，城市化的重心在于建设一批如上海、深圳等有代表性的大城市，以其自身的规模、聚集资源、政策等优势，更为有效地推动生产力发展。

城市化水平的发展促进了第三产业的发展，并缩小了城乡差距。第三产业是一种资源节约型环境友好型的产业。第三产业可以快速增加就业岗位从而缓解就业压力，可以提高人民生活水平进而实现小康。城市化水平高的城市或国家其第三产业的发展水平也必定较高。城乡的差距主要表现为贫富差距、社会福利差距、教育水平差距和医疗保障差距等。真正的城市化是使全体成员享受现代化城市的一切城市化成果，包括生活环境、基础设施、娱乐活动和文化教育素质等的转变。所以城乡的融合发展是非常重要的，这样才可保障城市发展的可持续性，并促进城乡人民共同发展、共同富裕、共同进步。

为了实施绿色转型，政府、企业和社会各界均需要共同努力。政府可以出台相应的法律法规和政策，为绿色转型提供一定的资金和技术支持，鼓励企业和个人采取环保措施。企业可以开发绿色技术和产品，改善产品的生产过程，推行可持续经营。社会各界可以提高环境保护意识，参与环保行动，促进可持续消费和生活方式的转变。绿色转型是一个长期的过程，需要各方的共同努力和坚定的信心。通过绿色转型，我们可以实现经济的繁荣、社会的公平和环境的健康。

以上工业发展绿色转型的相关理论都关注了工业发展过程中经济发展和环境保护两方面的可持续发展，以及实现工业发展绿色转型的一些外在因素，充分体现了工业生态理论发展的重要性。工业发展绿色转型的需求已经成为全球范围内的共识，各个国家和地区都在推进相应的政策和措施，扶持企业进行绿色转型。近年来，全球范围内绿色转型的声音不断，各个国家和地区也都出台了相应的政策和措施，推动工业发展绿色转型发展。例如，欧盟在2014年出台了"环境管理标准"计划，2020年将逐步减少碳排放量，并逐步提高可再生能源的利用率。我国更是十分重视工业的绿色转型，在《"十四五"工业绿色发展规划》中指出，"十四五"时期，是我国应对气候变化、实现碳达峰目标的关键期和窗口期，也是工业实现绿色低碳转型的关键五年。《中华人民共和国国民经济和社会发展第十四个五年规划和2035年远景目标纲要》提出，要"充分发挥海量数据和丰富应用场景优势，促进数字技术与实体经济深度融合，赋能传统产业转型升级，催生新产业新业态新模式，壮大经济发展新引擎"。工业发展绿色转型仍处于发展初期，需要各方共同努力，实现环保、经济、社会的可持续发展。

2.1.3 数字经济促进工业绿色转型

曹正勇（2018）、邓峰和任转转（2021）、冯曦明和龙彦霖（2022）等认为，数字经济作为新兴的经济形态，正在全球范围内快速发展并逐渐成为改变全球竞争格局、推动经济高质量发展的重要因素。在数字经济背景下，信息网络和高技术产业不断淘汰低端污染产业，降低信息交流成本，突破生态屏障与环境污染对工业绿色转型造成的约束。智能制造、网络化协同制造和个性化定制等新模式不断涌现，资源配置效率不断提高，工业绿色转型的步伐逐渐加快。吴滨和杨洁（2022）认为，高技术产业在工业的相关产业结构中占比较高，生产环节技术水平的上升将会提高相关产业的生产效率。高技术产业与传统产业相比具有生产成本低、工业污染排放少、资源利用效率高、工业附加值高的优点，因此绿色转型的要求与工业发展现状的适配度较高。进行绿色转型不仅可以促进工业高质量发展，还可以推动工业发展水平的提升。方兴未艾的数字产业化与产业数字化发展成为推动数字产业集群、提高企业信息化水平以及资源配置效率的关键。2023工业绿色发展大会6月1日于广州举行，工信部副部长辛国斌在会议上表示，破解资源环境约束，必须坚持走新型工业化道路，推动制造业高端化、智能化、绿色化发展。将工业的绿色发展作为新型工业化的重点，应当培育壮大战略性新兴产业，以新一代信息技术赋能绿色产业。

2.1.4　数字经济驱动工业绿色转型的路径

其一，驱动产业转型升级。林宇豪和陈英葵（2020）在分析数字经济驱动产业转型升级的机理时发现，数字技术以5G、云计算、物联网为代表在工业的每个领域都产生创新应用，如对企业生产中的前端和后端进行数字化技术的应用。在产品研发设计、生产制造中进行个性化定制，精准把控消费者需求；实现物流仓储、市场营销有效对接。在售后环节有效跟踪用户使用感，服务产品升级迭代。通过要素和信息之间的流动，企业和用户之间的良性互动，根据节点和管道的增加可以提升要素资源配置效率，降低生产成本，改善产业规模和产业结构。肖远飞和姜瑶（2021）从产业结构、市场化进程和人力资本三个方面分析了数字经济对工业绿色生产效率的影响。在产业结构方面，数字经济主要对工业进行智能化产业化改造，并以智能生产模式和可视化的产业组织模式为主要形式促进工业绿色发展。另外数字技术结合软件可以改变原产出结构和效率，不断优化产品性能，对工业产业结构的升级改造和产品生产效率提升具有促进作用。刘深（2022）从产业和区域两个角度分析了数字技术对工业发展绿色转型的作用。从个体产业发展角度可知，数字技术进驻企业可以促进产业实现质量变革、推动技术革新，提升生产效率，产业实现变革之后产业链不断转型升级，数字经济进而驱动产业绿色转型；从不同地域发展角度看，数字经济的发展可以促进不同地区之间的产业结构升级，合理调配各区域间的资源，提高资源利用效率，推动产业链创新。数字经济赋能区域绿色发展，推动形成我国工业全面绿色转型格局。

其二，产业创新模式变革的源动力。吕知新和包权等（2021）在数字金融对工业经济的绿色转型发展机制研究中发现，数字金融促进工业经济绿色转型的途径机制主要有两种。第一种是提高工业企业融资效率；第二种则是通过提高工业企业创新创业水平。企业融资效率的提高会不断提高绿色技术研发能力和水平，创新创业水平的提高会进而提高其经营绩效水平，实现工业经济的绿色转型。宋敏（2023）提出创新水平不高、创新质量不强一直是阻碍我国工业转型升级的最大问题。数字经济的发展不断推动产品与服务的数字化改造，新的商业模式会倒逼企业引入人工智能、云计算等数字技术，促进企业创新提升。由于大量新技术的投入与应用，企业可以精准捕获市场需求，生产个性化创新产品。数字经济的高渗透性将会促进企业之间的合作，降低彼此之间的技术壁垒，可以压缩研发成本，促进产业创新模式转变成更高效共享，更协同合作的新模式。张新宇和翟璐（2023）提出，传统产业依托人工智能等数字技术进行创新学习和技术改革，可以有效改善高能耗、高污染、低产出、低效益的生产模式，提高能源利用效率，优化能源结构，减少工业污染物的排放量；另外数字产业化可以加强产业之间的联系，大幅降低产业交易成本，推动工业转型。并且数字经济在推动工业绿色转型过程中，区域创新是动力源泉。技术的进步可以提高全要素生产率，降低生产成本，增强国家基础产业的核心竞争力，实现技术创新型发展打破技术垄断进而推动工业绿色转型。

其三，促进工业绿色化。数字经济发展实现了社会生产过程中数据要素对部分传统要素的有效替代，利用互联网平台实现技术创新、成本降低和产业结构优化，提高政府、企业和公众参与环保事业的积极性，多维度共同发力缓解环境污染问题。徐昊和马丽君（2022）、张海霞和林同智（2023）指出，数字经济改变了产业组织形态以及资源利用方式，提升了资源配置效率，减少了资源过度消耗所导致的环境污染以及企业在低效生产时产生的污染排放；数字经济同时促进了产业模式变革，数字经济推动创新要素在产业间流动，使数字化成为解决环境问题的有力措施。梁树广等（2023）通过实证表明，数字经济通过优化产业结构、改善能源结构和绿色技术创新单方面有效提高工业绿色生产效率，并且数字经济与工业经济深度融合将成为重组工业经济要素资源、重塑工业经济结构、推进绿色低碳转型的关键力量。

其四，助力构建绿色产业链。数字经济在提升资源利用效率、优化能源消费结构、减排降碳等各环节发挥重要作用，数字经济不断赋能传统行业进行数字化改革，企业凭借数字经济实行绿色发展理念、推动产业绿色装备升级改造，激发绿色生产研发技术创新、不断扩大产业上下游绿色低碳产品开发,构建一条涵盖产品研发生产、仓储配送、营销和售后各方面的数字化、绿色化全过程链条。数字基础设施以及数字产业化的发展和完善成为传统行业改革创新的强大推动力,赋能工业领域绿色转型并助力产业链的绿色化进程,加快产业绿色转型。肖远飞和姜瑶(2021)指出,由于市场化水平较低将会降低绿色创新的投入,不利于绿色发展,新型数字科技可以减少信息不对称导致的市场扭曲,改善资源配置结构,构建绿色产业链,促进工业绿色生产效率的提升。

在掌握数字经济与工业发展绿色转型的相关理论之后,数字经济可能对工业发展绿色转型的理论机制与路径已经明晰,但在实际生活中,事物的发展具有特殊性,不是完全相同的,对于数字经济对工业发展绿色转型的赋能效应需要进行实际的实证研究,明确数字经济赋能我国工业发展绿色转型效应计量检验。

2.2　国内外文献综述

2.2.1　数字经济的测算

2016年在G20峰会上发布的《二十国集团数字经济发展与合作倡议》,对数字经济进行了初次定义,特别是将数字经济的关键生产要素、重要载体等进行了明确,即数字经济是指以使用数字化的知识和信息作为关键生产要素、以现代信息网络作为重要载体、以信息通信技术的有效使用作为效率提升和经济结构优化的重要推动力的一系列经济活动。2021年12月,国务院发布的《"十四五"数字经济发展规划》对数字经济进行了定义,认为数字经济是继农业经济、工业经济之后的主要经济形态,是以数据资源为关键要素,以现代信息网络为主要载体,以信息通信技术融合应用、全要素数字化转型为重要推动力,促进公平与效率更加统一的新经济形态。

2.2.1.1　对于数字经济发展水平的测度:空间特征

数字经济作为一种新的经济形态,可以跨越行业和地域限制,并与传统行业的产业分类体系具有一定的交叉,目前对于数字经济的测算并没有完全统一的标准,由于发展差异,国内外关于数字经济的测算方法存在差异。徐清源等(2018)通过整理回顾国内外权威机构对数字经济的理论体系和测度方法的相关研究，比较分析了国际和国内12个数字经济相关指标体系的优缺点以及对现阶段我国数字经济发展的参考价值，并给出了中国用对比法测度数字经济发展水平指标体系的构建思路和政策建议。

国外权威机构关于数字经济的测度方法主要通过数字经济的基础以及对经济社会产生的应用和影响来核算。美国商务部数字经济咨询委员会认为四部分框架构成了数字经济的发展，分别为各领域的数字化程度、数字化程度对经济活动和产出的影响、实际GDP和生产率等带来的复合影响以及经济社会中新出现的数字化领域。欧盟通过数字经济与社会指数刻画欧盟各国数字经济发展程度的合成指数并反映各国在数字竞争力方面的差异，该指数以五个方面的内容为基础，分别为宽带接入、互联网技术、数字技术应用、数字化公共服务和人力资本。经济合作与发展组织则通过投资智能化基础设施、经济增长与增加就业岗位、创新能力和赋权社会四项指标来构建国家层面的数字经济指标体系。

目前国内机构关于数字经济相关指标的测度方法起步较晚，由于各机构对数字经济的测算理念存在差异，从而导致数字经济的测度体系存在较大的差异，且企业主导的指标体系多关注创新应用方面。由中国信息通信研究院发布的《中国数字经济发展研究报告》，在核算数字经济总量时充分考虑了数字经济发展所必要的基础条件、数字产业化、产业数字化以及数字经济对宏观经济社会带来的影响，整体分析中国的数字经济发展水平。新华三集团数字经济研究院对数字经济指数的研究则是从微观个体的城市出发，用数字经济、数字社会、数字政府、数字生态和数字经济基础设施五个指标计算中国各省区市的数字经济发展情况。上海社科院则将数字经济分为主体产业部分和融合应用部分，构建了由数字设施、数字产业、数字创新、数字治理四个方面组成的数字经济竞争力分析模型。腾讯集团结合自身优势资源，基于"互联网+"平台的高行业渗透率和丰富的数据资源，研究了包括农业、水利、工业、医保、金融等数字经济领域的发展情况。阿里巴巴和毕马威则侧重于各国之间的横向比较，通过对数字经济基础设施、数字经济消费、数字经济产业生态、数字公共服务、数字科研五个维度的衡量来刻画不同国家的数字经济发展水平。

目前学术界对于数字经济发展水平的测度主要还是根据现实经济运行中的时序数据来动态衡量数字经济水平。随着数字经济的快速发展，对其经济效益的评估和测算已经成为数字经济研究不可或缺的重要组成部分。

刘军等（2020）、王军等（2021）界定了数字经济的内涵，然后从数字经济的含义出发选择相关指标构建了中国分省域数字经济评价指标体系。刘亮等（2020）从智能化发展水平入手，从基础、技术和结果三个方面建立智能化评价指标体系，进而客观评价地区数字经济发展水平。陈梦根和张鑫（2022）根据投入产出序列表数据，从数字经济的内涵出发，结合信息经济理论及增长核算方法，建立数字经济规模测算框架进行数字经济发展水平的分析。赵依博（2023）在测算数字经济发展水平时，基于国家产业划分及统计局提供的分类标准，选取产业数字发展、数字产业发展体系，采取以基础设施建设、数字产业化和产业数字化为主要指标衡量各省域的数字经济发展综合水平。任保平和贺海峰（2023）从中国实际生产生活出发，通过选取与数字经济发展相关的要素，并考虑数字经济发展带来的社会变化，从数字经济基础设施指数、产业指数、消费指数、社会指数、创新指数五个方面构建了一个相对完整和科学的测算体系，得出中国2012—2020年的数字经济指数。

2.2.2 数字经济的赋能作用

2.2.2.1 数字经济对产业升级的作用

数字经济因其可持续性、直接性以及外部经济性等多重优势，有效克服了传统经济形态的劣势，有利于促进产业转型升级。焦帅涛和孙秋碧（2021）聚焦重点行业领域的研究发现，数字经济通过促进地区创新水平最终促进产业结构升级。数字经济不仅反映出数字化产业的发展水平和数字技术的普及程度，还对不同产业有不同的促进作用，对产业的转型升级具有显著的正向促进作用。李晓钟和吴用戌（2020）、韩健和李江宇（2022）通过研究发现，数字经济发展与产业结构高度化水平呈长期、持续、正向的动态交互作用，并且数字经济可以稳定产业结构处于合理化状态，抑制产业结构偏离均衡状态，使产业结构处于长期稳定发展状态。

在微观方面数字经济可以降低成本。沈运红和黄木行（2020）、叶雅倩（2022）、袁瀚坤和韩民春（2023）指出，数字基础设施的建设可以降低消费者和企业的成本，实时传递个性信息，促进服务、质量和结构升级，实现经济增长。中观方面可以促进各产业融合，催生新模式。张于喆（2018）指出，数字经济通过与实体经济的融合，开拓了产业发展新空间，催生了产业发展新领域，二者的融合带来的新机遇成为经济增长的动力源泉。邹茸茸（2023）、吕子苑（2023）、姚正海和姚佩怡（2023）研究发现，数字技术可以加快产业协同发展，催生了新服务、新业态及新商业模式，并为新兴行业提供技术支撑，提高企业生产效率从而推动产业结构升级。在宏观方面可以提高劳动和资本要素的产出效率。林宇豪和陈英葵（2020）、夏杰长和袁航（2023）指出，数字经济可以提升要素的资源配置效率、增进各要素之间的良性互动从而促进产业结构升级。莫靖聪和张景新（2023）指出，利用数字技术激发产业结构由要素驱动的速度型发展向创新驱动的质量型发展转变。产业数字化转型后将会扫除线下资源信息盲区，并有效促进企业打破自身产业边界，拓宽产业空间，提升产业层次。

2.2.2.2　数字经济对绿色发展转型的作用

数字经济不仅为产业的绿色发展夯实要素基础、扩展无限空间，并以技术创新为核心，推进生产要素融合和精准匹配市场供需情况，促进企业成长和产业优化。数字经济的出现改变了许多行业的生产经营模式，拓展了新的发展路径。数据要素在不同生产环节流通，可以提升要素的配置效率，新技术的加入会促进数字经济与其他产业的不断融合，促进企业内部各环节的绿色发展，带动技术和创新等发生裂变，不断扩大企业的规模和技术进步，带动整个产业的绿色发展，最终实现产业链的绿色转型。廖信林和杨正源（2021）的研究发现，数字经济可以优化资源配置效应、降低生产成本效应和驱动创新发展效应，借此推动制造业转型升级，并且数字经济对绿色转型的赋能效应十分显著。韩晶等（2022）、魏丽莉和侯宇琦（2023）、高星和李麦收（2023）指出，数字经济能够引发从生产要素到生产力再到生产关系的全产业链绿色变革，实现对绿色发展的全方位赋能。数字经济赋能绿色发展的内在逻辑不仅有优化企业的资源配置、降低生产成本和促进创新发展，还体现在强化生态治理效用上。

在要素配置方面。肖旭和戚聿东（2019）认为，数字技术的发展可以优化产品匹配与交易，减少搜寻成本，提高社会资源配置效率。黄宗彦和梅宏（2022）提出数字化转型可以大幅提升制造、能源、交通等传统工业领域的绿色发展水平，数字经济不仅可以增强资源环境的可持续性，还能推动资源环境转化为生产动能、促进经济增长，并具有持续性作用。梅宏指出，信息技术可以打通生产、流通、消费以及废物利用等过程，通过信息技术可以支撑产业升级、节能减排和低碳转型，提升资源的利用效益，实现绿色发展。

在创新效应方面。方敏等（2019）、蔡玲和汪萍（2022）发现，数字经济可以提高创新效应，并显著促进绿色全要素生产率，且城市绿色创新能力和城市生产效率是促进城市绿色全要素生产率提升和绿色转型升级的关键机制。尚娟和王珍梦（2023）在数字经济赋能绿色经济发展的效应研究中发现，数字经济能够通过驱动经济增长、提高科技创新水平有效赋能绿色经济发展，并呈现出非线性特征的门槛效应。戴翔和杨双至（2022）、徐昊和马丽君（2022）通过实证研究了数字经济可以通过产业链对上下游相关企业进行绿色化转型时产生积极的外溢效应。从实际作用路径可知，数字赋能主要通过改变企业自身发展模式和激发创新驱动绿色转型。数字经济可以不断挖掘自然资源潜在的创新要素潜力，转变使用自然资源的路径与偏好促进技术进步与资本更新。

在产业融合方面。董媛香和张国珍（2023）认为，数字基础设施是数据的载体，该项建设可以深入融合多元生产要素，推动技术、人力和资本等革命性聚类与裂变，对企业降碳绿色转型有带动效应。由于"宽带中国"试点战略可以很好地解决信息化与工业化的深度融合存在的问题，姚璐等（2023）基于此研究发现数字技术通过促进绿色创新能力的提升和推动城市产业结构升级从而可以实现经济绿色转型。

2.2.3　工业发展绿色转型研究现状

工业发展绿色转型是指在科学技术进步、产业升级的基础上，推动工业经济向低碳、循环、环保的方向转型升级，促进资源节约和环境保护。数字经济与工业发展绿色转型之间有着紧密的联系。数字经济可以在工业领域实现资源共享、能源节约、环境保护等功能，同时可以推进工业生产、产品设计等多个环节的绿色化改造。近年来，工业发展绿色转型的研究受到了越来越多的关注。研究表明，工业发展绿色转型可以有效改善环境质量，促进社会经济发展，提高人民生活水平，改善工业发展结构，提高工业可持续发展能力。

2.2.3.1　人力资本促进工业发展绿色转型

人力资本通过改进企业的技术水平，驱动绿色创新水平，增强员工的环保意识，促进工业绿色转型。不同水平的人力资本作用方式具有一定的异质性。

张晨（2011）、邢会等（2022）认为，人力资本为企业的科技人才发展提供保障，人力资本提升是绿色转型特有的内化成本，人力资本可以显著降低制造业绿色非期望产出，绿色技术不断扩展创新的过程中必须有专业化高素质劳动力的主动参与和积极推动，进而推动绿色研发能力的提升，提高制造业绿色转型绩效。胡书芳（2016）、徐文成和毛彦军（2022）认为，充分发挥创新型人才在教育和科技方面的相互融合，可以提升绿色技术创新水平。大学和科研院所为企业的绿色转型提供人才和理论，企业可以实现理论成果的产业化，进而缩短创新成果的转化过程，促进工业的绿色转型。

吕知新等（2021）认为，人力资本增加是实现工业绿色转型增长作用的主观能动因素，人力资本水平提升不断为工业经济绿色技术研发和创新升级输送专业知识深厚、实践技能精湛的顶尖人才。高水平的人力资本可以推动工业经济的创新水平，进而推进工业经济绿色转型。杨喆等（2022）、姜楠和刘喜华（2022）等研究发现，人力资本对工业的绿色转型升级存在明显的正向影响。由于人力资本水平的提高可以提升企业员工的环保意识和应用创新能力，工业生产技术创新体系不断完善，创新专利的申请和应用逐渐成为工业结构调整的动力，为企业绿色转型升级提供助力。

胡张林和张水平（2022）使用各地金融从业人数（万人）作为与绿色金融相关的人力投入。根据投入产出表计算各省域的工业绿色发展效率值发现，与中西部地区相比，东部地区的人力投入较大，整体的工业绿色发展比较顺利，效率相对较高。陈文君和梅凤乔（2022）对资源型城市工业绿色转型的驱动因素进行实证研究发现，人力资本对工业绿色转型具有正向的驱动作用，并且人力资本在与经济发展水平进行交互叠加之后对工业绿色转型效率的驱动作用大于人力资本这一单一因子的驱动作用。钟昌标和卢建霖（2023）研究结果显示，人力资源水平正向促进工业绿色转型，并且高人力资源水平的促进作用高于低人力资源水平的促进作用。

2.2.3.2 绿色技术创新促进工业发展绿色转型

绿色技术创新可以通过治理空气污染，改善产业结构，降低能源消费强度，推动创新要素与产业的融合不断推动工业实现绿色转型。

杨学军（2015）、陈艳春等（2019）、张杨勋（2022）、程丹亚和曾刚（2023）指出，绿色创新在实现产出增长时对工业企业空气污染治理绩效存在显著的正向影响，绿色技术创新可以抑制工业碳排放，绿色技术创新存量较高的企业转型速度较快，最先实现转型。李婉红和李娜（2023）指出，绿色技术创新对环境绩效水平有显著促进作用，并且智能化转型可以正向调节绿色技术创新对环境绩效的提升作用，但这种促进作用在东部地区影响更明显。

朱东波（2020）、曾刚等（2021）研究发现，绿色技术创新加快推动工业发展向绿色化方向转型升级。绿色技术创新对提升资源型城市的产业结构具有显著的正向作用，为工业生产过程使用可替代性清洁能源，减少生产污染产品，调整能源结构等提供了技术支持，增加了清洁生产型行业部门所占比重，对成长型、成熟型、衰退型和再生型资源型城市均有显著影响。杨学军（2015）、侯建等（2022）、孙志红等（2024）研究发现创新效应可以降低能源强度，提升资源利用水平，减少传统生产中资源浪费，且它们存在非线性动态关联关系。通过绿色技术创新可以驱动工业绿色转型，为实现碳达峰、碳中和以及节能减排提供了实验证据。

彭影和李士梅（2023）基于数据要素的流动视角发现创新和政策的结合可以加强创新要素的有效集聚，推动城市经济绿色转型发展。崔小杰（2023）通过实证发现，以绿色技术创新为代表的技术变革会显著推动钢铁企业的绿色转型。技术变革可以将更多的绿色元素融入企业生产环节中，企业和产品将会在市场中占有核心竞争力。技术创新推动企业及供应链的绿色化发展为绿色转型提供动力支撑。吴卫红等（2023）认为，企业内部数字化技术转型能够显著促进绿色转型升级水平提升。数字化技术转型通过信息网络的构建提升企业资源整合能力，绿色创新要素不断融入企业各环节，形成绿色发展网络。在内生增长理论下，驱动企业技术进步和绿色转型的关键是发生在企业内部的创新活动，清洁生产技术创新和产业末端治理技术创新作为绿色工艺创新的两个维度，在数字化技术转型影响制造业绿色转型升级过程中发挥显著中介作用。

王韶华和林小莹（2023）等研究发现，中国各地区的工业绿色技术创新效率总体上呈现倒"N"型趋势，即大部分地区技术创新效率居中，但有一些地区表现出良好的绿色技术创新效率。同时，绿色信贷对工业绿色技术创新效率具有显著促进作用，并且在系统GMM模型与2SLS模型的双重检验下，其作用仍然显著。

2.2.3.3　城市化水平对工业发展绿色转型的作用

城市化水平的不断提高必然会带来深刻的社会变革，不断增加的城市人口数量吸引产业要素的集聚和结构的升级，带动绿色产业的蓬勃发展。此外，劳动力人口的流动不仅会不断改变流入城市的发展结构，还会间接促进周边城市的绿色产业发展和城市生态效率。

王兵等（2014）、唐健雄等（2023）认为，城镇的发展会促进人口的迁移，改变城市的产业结构。他们运用环境范围调整测度模型分析了人口城镇化程度对绿色发展效率的影响。实证结果显示，居民城镇化水平的提高会加快地区人口与生产要素集聚，带动消费增加和专业技能提升，从而促进工业经济结构的优化和产业的升级，城镇化对绿色发展效率的提高作用逐渐显现。刘淼（2021）认为，现阶段的人口城镇化建设对城市生态效率的提升具有显著的促进作用。城镇化建设借助产业集聚的传导机制，通过优化当地的产业结构、积累人力资本等方式显著促进了城市的生态效率。

于伟和张鹏（2016）通过实证发现，人口城市化水平在地理—经济的空间权重下对城市的绿色经济效率具有显著的促进作用。这是由于人口城市化的不断发展会加剧创新要素的流动，带动区域发展效率的提升。方齐云和许文静（2017）通过研究发现，本省的城镇化建设会对该区域的绿色经济效率产生负向作用，但城镇化的空间溢出效应的作用使其对绿色经济效率影响的总效应显著为正。黄虹和许祺（2017）针对人口流动对上海市绿色GDP影响的研究发现，人口流动对绿色GDP的影响具有空间效应，对邻近的江浙地区具有明显的促进作用。何雄浪和史世姣（2021）研究发现，人口流动对经济高质量发展起着促进作用；引入空间相关性分析后，人口流动和环境规制不仅能对经济高质量发展产生直接的提升作用，而且还存在协同效应和较强的空间溢出效应；从时期异质性看，党的十八大以来，人口流动、环境规制对经济高质量发展起着更大的促进作用；从地区异质性看，人口流动和环境规制对西部地区城市经济高质量发展的影响显著强于东部地区和中部地区。刘淼（2021）认为，人口城镇化的发展会促进城市的生态效率，并存在显著的空间效应。唐健雄等（2023）根据空间杜宾模型发现，人口的迁移直接影响区域的绿色发展水平的提高并间接促进周边地区的绿色发展水平。

李晓阳等（2019）基于劳动力流动带来结构红利的假说，测算中国省级绿色经济效率发现，低等和高等劳动力水平下的劳动流动不存在结构红利，不利于绿色经济效率的发展。在中等劳动力水平下，劳动力的流动会促进绿色经济效率的提升。朱光福和周超（2021）认为，城镇化可以释放制度红利进而促进人的全面发展，提升劳动生产率，可以为工业的绿色化发展提供丰富且高效的人力资源。此外，城镇化的发展可以带来资源的集聚和投资的增加，为工业的绿色化发展提供资金支持。

黄虹和许祺（2017）研究发现，人口流动对于绿色GDP的影响具有时间效应，在短时间内人口流动对绿色GDP的发展具有抑制作用，但随着时间的变化，这种抑制作用不断减少且逐渐转变为正向带动作用。谢九英（2023）基于统一大市场背景的研究发现，随着人口要素的流入，该区域的绿色全要素生产率不断提升。李春梅等（2023）对影响绿色发展效率的因变量进行条件组态分析，研究发现，较高的城镇化水平与高科教投入对产业转型升级的促进作用较强，二者结合可以吸引产业和资源集聚，推动产业向技术密集型转变，实现产业结构的高效转型，提升该区域的绿色发展效率。

2.2.3.4 政府政策对工业发展绿色转型的作用

工业发展绿色转型不仅需要企业内部的产业升级和科技创新，还需要国家政策的大力扶持。一些财政政策的实施和硬性的污染物排放标准对产业的绿色转型起到了扶持和严格约束作用。此外，为了更好地促进工业企业的绿色转型，国家在一些区域建设重要示范区和产业试点，重点检测该区域的转型成果。

Changming Lyu（2022）指出，金融政策可以通过优化融资环境、建立风险补偿机制、支持金融创新等方式，促进绿色工业的发展。这种机制可以解决中小企业融资难、融资贵等问题，鼓励金融机构将资金投向绿色领域，从而促进绿色工业的发展。Noranarttakun 和 Pharino（2021）等学者研究表明，中小企业的绿色产业认证，即并没有影响它们对于环境保护的共同认识。此外，该研究还表明，无论是通过绿色产业认证的还是未通过绿色产业认证的中小企业都面临着各种因素的影响，阻碍了对绿色产业的采纳。这些因素包括财务、法律、社会、人力、技术和政策等。魏建和黄晓光（2021）的研究结果表明，环境税费的积极作用在工业环境效率较低时具有显著正向影响，随着工业环境效率的提升，环境税费的积极作用仍可以保持相对稳定。但政府环境治理投资只在工业环境效率分位值较低的区间中有显著正向影响，当工业环境效率水平不断提升，政府环境投资的积极作用将不再显著，且逐渐衰减。

政府政策通过提升创新和资源配置效率促进工业绿色转型。汪明月等（2022）研究发现，政府需求型的市场规制能够在绿色工艺创新、环境和经济绩效、工业绿色发展之间起到正向调节作用。这意味着政府的市场规制政策能够加强企业对绿色工艺的创新，同时还能带动环境和经济绩效的双重提高。张林和徐婧（2023）通过研究环境税和企业绩效之间的关系发现，环境税对绿色创新和企业绩效的发展具有正向影响作用。贾一丹（2023）研究发现，税收政策对国有企业和重污染企业的绿色发展具有正向促进作用，并对执法刚性强的地区促进作用更明显。冯星宇等（2022）通过省区市的面板数据研究发现，政府在转型过程中资源配置效率和绿色创新能力会先减弱后不断增强，政府政策推动产业结构升级间接地作用于工业绿色发展；环保失信惩戒的不断强化会加快产业结构升级和激发绿色创新能力，但操作不当会加剧资源错配状况。环保守信激励的强化能够有效促进企业的绿色创新意愿。

政府设立特定的一些试验区和试点会加快该区域的工业绿色转型。韩先峰等（2023）基于国家自主创新示范区的研究发现，该示范区的创立可以有效促进绿色高质量发展。政府环保意识越高，该创新示范区对整体绿色高质量发展的驱动效用越强。环境保护政策与创新驱动政策之间存在协同作用，在中部地区与绿色发展水平较低的区域，政策对绿色高质量发展的促进作用更为明显。张喆和汪浩瀚（2022）依据低碳试点政策研究发现，该政策显著提高了城市的工业绿色全要素生产率，且技术创新是提升GTFP的影响机制。钟昌标和卢建霖（2023）基于大数据试验区建设的研究发现，大数据试验区建设推动了数字经济与实体经济的融合，大数据试验区的建设得益于技术创新促进作用与资源配置优化作用促进了工业绿色转型。并且在发展过程中随着人力资源水平、金融服务水平与制度质量的优化，大数据试验区建设推动工业绿色转型的作用逐渐增强。王阳和郭俊华（2023）基于"宽带中国"战略，研究数字基础设施建设对工业绿色转型发展的作用机制、空间溢出效应及异质性。研究发现，数字基础设施建设能显著推动工业绿色转型发展，数字基础设施建设对地理距离相近城市工业绿色转型发展的影响具有显著的空间溢出效应；数字基础设施建设能够通过工业生产集约化和绿色技术创新推动工业绿色转型发展；数字基础设施建设对中西部城市、中小城市和北方城市工业绿色转型发展的影响更为显著。

2.2.4 工业发展绿色转型效果评估方法

测算工业发展绿色转型效果常用的方法有熵权法、全局Super–SBM模型和Malmquist–Luenberger指数测算法等。

王艳秋等（2012）根据五大动力系统的子系统，构建了资源型城市绿色转型能力评价指标体系，该指标体系包含经济、资源、环境、科技等方面并运用熵值法确定各指标的权重。郑红霞等（2013）、胡书芳（2016）、李云燕和殷晨曦（2017）围绕绿色国民经济核算体系、行政管理、环境质量和绿色发展几个方面，构建绿色发展评价指标体系，采用熵权法评价城市绿色发展水平。赵春艳和郝银辉（2023）选取质量增长、技术创新、资源消耗、污染排放和环境治理等与环境和经济相关的五个方面，构建工业绿色转型评价体系，选用熵值法给指标权重进行客观赋权，测度工业绿色转型水平。王磊和惠施敏（2019）基于国际产能合作视角，从工业发展绿色转型的内涵出发，从对外投资、进出口贸易及对外承包方面分析了国际产能合作现状，以及工业发展绿色转型的作用机制，构建了工业发展绿色转型指数，测度了中国各省域的工业发展绿色转型程度。

孙海波和刘忠璐（2019）、邵军等（2020）、黄成和吴传清（2021）、孔芳霞和刘新智（2023）均基于Super-SBM模型测算省域及经济带的工业发展绿色转型效率。该模型不需要事先确定权重就可以进行各事物之间相对效率评价，既可以处理多输入多输出的情况，又能识别有效决策单元相对有效性。在实证方面采用动态SBM模型测量绿色全要素生产率，作为经济绿色转型发展水平。明确工业发展绿色转型后又构建耦合协调度模型，实证研究工业发展绿色转型与生态文明建设之间的协同效应。肖滢和卢丽文（2019）、任嘉敏等（2023）、王阳和郭俊华（2023）基于资源型城市的面板数据，采用绿色全要素生产率表示工业绿色转型程度，将全局Super-SBM模型与Global Malmquist-Luenberger指数结合，从静态视角测度了资源型城市的工业发展绿色转型的发展态势，同时又从动态视角分析了工业绿色转型的幅度，并分析不同类型资源型城市的工业发展绿色转型差异。

李斌等（2013）将工业绿色全要素生产率对工业经济增长的贡献度作为工业绿色转型指标的基础。宋晓娜和张峰（2019）通过构建包含新发展理念相关指标的综合测度体系，基于正态云与关联函数法建立工业发展质量测度模型，之后对工业发展进行时序变化、横向截面和未来趋势三方面的评价。胡张林和张水平（2022）利用BCC模型及Malmquist指数的方式系统化、全方面地展开了工业绿色化发展效率在动态以及静态方面的分析工作。

2.2.5 数字经济促进工业发展绿色转型计量检验

随着数字经济的发展，越来越多的企业通过线上渠道实现数字化转型，工业从线下向线上转型并逐步实现智能化，可以有效减少不必要的能源浪费和环境污染，推动工业发展绿色转型。例如，数字制造可以实现工业的智能化、可视化生产，使工厂运作更加高效、节能、环保。在数字经济的支持和推动下，工业发展绿色转型的前景广阔。

在测算数字经济对工业发展绿色转型的效应时，目前采用的方法有Tobit回归模型、固定效应模型，并使用门槛模型和空间模型分析该效应的非线性效应和空间异质性。

Fu等（2018）衡量了2006—2015年中国区域工业发展绿色转型的动态效率，采用Tobit回归模型分析指标对工业发展绿色转型效率的影响。Li等（2022）选取中国29个省域的采矿业面板数据，基于DEA-SBM模型采用Tobit回归模型来验证阻碍资源产业绿色转型行为的因素，并对2012—2019年的资源产业绿色转型效率进行测算。

孔芳霞和刘新智（2022）用2011—2019年我国284个地级市的面板数据测算数字经济发展指数值与工业发展绿色转型水平，通过排除宏观系统性环境影响以及引入工具变量的稳健性检验，运用双向固定效应模型、门槛模型以及空间模型等多维度实证研究发现数字经济发展能够驱动工业发展绿色转型。同时，数字经济发展对工业发展绿色转型的影响存在非线性效应与空间溢出效应。张新宇和翟璐（2023）应用固定效应模型研究发现，数字经济对我国工业绿色转型具有显著正向促进作用，并且东部地区的影响效果优于中西部地区。张晖（2023）根据省级面板数据构建基准模型，在经过Hausman检验之后采用固定效应模型，研究发现数字普惠金融通过提升创新水平和绩效促进转型并存在区域异质性。

王阳和郭俊华（2023）通过城市面板数据，研究发现数字基础设施对距离相近的城市工业绿色转型影响具有溢出性并且对中西部城市、中小城市和北方城市的影响更为显著。冯曦明和龙彦霖（2022）采用面板计量模型（PSDM）和面板门槛模型（PTR）实证研究发现，数字经济对工业绿色转型的影响存在显著的空间效应，且溢出效应的作用范围较大，分组回归结果表明，其影响存在明显的区域异质性，中西部地区的直接效应与溢出效应均显著为正，东部地区负向溢出效应小于中西部地区正向溢出效应之和；数字经济对工业绿色转型的作用受环境规制与技术创新的影响而呈现出非线性特征。

2.3　文献评述

数字经济依托数据要素推动传统行业的要素配置、资源利用和技术创新等，并对整个行业的上下游进行赋能转型。数字经济的推广将会不断为我国工业的绿色转型带来全新的发展机遇。现有的数字经济发展与融合多涉及制造业、企业或者整个经济社会的发展与转型，或者是数字经济与产业结构、技术创新之间的关系。现有研究针对数字经济推动工业发展绿色转型的效度测量较少，并且数字经济在驱动经济绿色发展方面存在投入成本高、基础设施不完善、核心技术薄弱、区域"数字鸿沟"现象明显、专业人才稀缺、数据安全保障不健全以及数字治理能力较弱等现实制约，分析数字经济对工业作用的空间效应并提出有针对性的建议至关重要。

绿色转型发展是当前我国经济转型，实现高质量发展的重要方式。目前，我国存在科技创新严重不足，产业结构不合理等弊端。在这种背景下促使我们对我国绿色转型发展进行研究，绿色转型的文献综述主要集中在研究绿色转型的理论基础、技术路线、实施策略、评价指标体系和实施机制等方面。研究表明，绿色转型是一个复杂的过程，需要在政策、技术、经济、社会等多个层面进行改革和调整，以实现绿色转型的目标。

现有的绿色转型发展评价指标体系在相关研究尺度上，主要集中于个别经济带、资源型产业和城市；在研究方法上，评价指标体系的构建存在主观性过强的缺陷，部分学者选择绿色全要素生产率构建工业绿色转型指标，部分学者从工业发展带来的经济和环境后果几方面综合测度工业绿色转型水平，指标选择的不同导致不同学者会得出差异较大的研究结论。针对数字经济对工业发展绿色转型的影响的文献较少，在对其测度影响时主要集中在省或者市的面板数据上，多选择固定效应模型和空间模型测度影响程度和空间效应。本书将全面、大量地选取评价指标，建立我国省域尺度上的工业发展绿色转型评价指标体系，全面反映各省域工业发展绿色转型的变化趋势，量化各省域工业发展绿色转型水平。从实证研究思路看，现有的研究在区分样本地区工业发展绿色转型效应的异质性时，多数按地理位置或经济属性划分（如东、中、西部或发达、欠发达地区等），该判别方式的个人主观因素渗入过多，样本的选择代表性不高，并不能很好地反映由数据本身驱动所造成的内生性结构突变特质，进而不能很好地判断数字经济的非线性影响对各区域的集约变动趋势。

因此，针对上述分析，在当前数字经济发展背景下，合理测算数字经济规模，探究数字经济对工业发展绿色转型的影响并分析路径机制，对推动我国工业转型升级和实现经济高质量发展十分必要。

3 数字经济及工业发展绿色转型现状分析

3.1 数字经济发展现状

3.1.1 数字经济规模

《中国数字经济发展研究报告（2023年）》显示，2022年，中国数字经济规模进一步提高，达到50.2万亿元人民币，占GDP比重已升至41.5%。在数字经济应用方面，数字化转型步伐加快。数字劳动力和智能制造应用有显著提升，AI、5G、云计算、大数据等新技术广泛应用，数字化治理、数字政府进一步推进。数字经济发展也拉动了就业增长，全年新增城镇就业人数超过1 350万，其中数字经济带动直接和间接就业人数超过2亿。另外，数字经济的基础设施建设不断加强。数据中心数量已超过1.2万个，数据存储量继续增长。5G网络覆盖范围进一步扩大，已开通5G基站231.2万个，5G用户达5.61亿户，全球占比均超过60%；移动物联网终端用户达18.45亿户，成为全球主要经济体中首个实现"物超人"的国家。数字经济在促进消费升级、支持制造业转型升级、促进区域均衡发展等方面，也发挥了重要作用。与此同时，数字经济还面临着一些挑战，如个人信息保护、数据安全等问题，需要进一步关注和解决。

综上所述，数字经济在中国的地位和作用不断增强，中国数字经济发展继续保持较快的增长速度，并进入了新的发展阶段，新兴产业的崛起为数字经济不断注入新的活力，未来也将继续成为推动中国经济发展的重要动力。

2020年我国30个省域（不含港、澳、台和西藏）数字经济规模如表3-1所示。

表3-1 2020年我国30个省域数字经济发展规模

省域	移动互联网用户数/（人/百人）	互联网相关从业人员比例/%	互联网普及率/%	互联网相关产出/（万元/人）
北京	178.456	0.125	34.139	1.484
天津	123.36	0.027	38.544	1.142
河北	111.683	0.019	33.955	0.8
山西	115.266	0.012	35.877	0.886

省域	移动互联网用户数/（人/百人）	互联网相关从业人员比例/%	互联网普及率/%	互联网相关产出/（万元/人）
内蒙古	123.271	0.017	30.083	1.076
辽宁	114.543	0.029	31.286	0.796
吉林	119.637	0.017	27.27	0.884
黑龙江	121.236	0.027	27.95	0.66
上海	171.929	0.069	36.937	1.135
江苏	116.752	0.024	44.318	1.084
浙江	132.733	0.028	45.436	1.285
安徽	98.699	0.017	34.283	0.828
福建	113.898	0.017	44.004	0.939
江西	94.034	0.012	33.426	0.783
山东	107.301	0.018	33.897	0.708
河南	101.111	0.019	31.092	0.821
湖北	98.888	0.026	32.554	0.732
湖南	101.12	0.014	31.801	0.853
广东	123.074	0.035	30.814	1.19
广西	106.254	0.014	32.891	0.962
海南	112.174	0.022	34.733	1.133
重庆	113.434	0.016	38.28	0.994
四川	109.003	0.028	35.545	0.899
贵州	106.104	0.014	25.982	1.316
云南	104.9	0.015	27.067	1.196
陕西	116.048	0.029	34.614	1.049
甘肃	106.909	0.014	37.241	1.023
青海	111.197	0.014	30.691	1.396
宁夏	116.394	0.012	39.334	1.282
新疆	109.907	0.012	34.127	1.194

移动互联网用户数是指使用移动设备连接全球范围内互联网的人数。这些用户可以使用各种应用程序和网络服务，反映了移动互联网的普及程度和用户规模，体现了移动设备用户在移动网络上的活跃程度。随着移动设备的普及和移动网络的发

展，移动互联网用户数呈现出不断增长的趋势，成为推动数字经济发展的重要力量之一，是衡量一个地区数字经济活跃程度的重要指标之一。数据显示，北京和上海在移动互联网用户数上位列前两名，分别达到了每百人178.456人和每百人171.929人。这表明这两个地区拥有庞大的移动互联网市场，并且互联网应用在人们的生活中也发挥着重要作用。北京和上海作为我国的经济中心，吸引了大量的人口和企业，同时也拥有发达的数字科技和信息技术产业，为数字经济的蓬勃发展提供了有利条件。

互联网相关从业人员比例不仅是指传统的互联网技术人员，还包含互联网新业态下的从业人员，该数据反映了一个地区数字经济从业人才的规模和能力，体现了一个城市对高技术人才的吸引力。数据显示，北京的互联网相关从业人员比例为0.125%，是全国最高的。这表明北京具有庞大且专业化的互联网人才群体，这不仅推动着本地区数字经济的发展，也是数字创新和技术领先的重要驱动力量。其他一些地区如上海、浙江和江苏，也有较高比例的互联网从业人员，表明这些地区在培育和引进数字经济人才方面的重视程度。

互联网普及率是衡量一个地区数字化程度和互联网接入普遍程度的关键指标之一，体现了数字基础设施建设的水平。数据显示，江苏具有全国最高的互联网普及率，达到了44.318%。这表明江苏的人口中有较高比率使用互联网，反映出该省在数字化基础设施建设和信息技术普及方面的投入和努力。其他一些地区如北京、上海、天津和浙江也显示出较高的互联网普及率，说明这些地区人们对互联网的可接触性和使用程度较高。

互联网相关产出可以衡量一个地区数字经济的活力和贡献度，体现了数字经济的科技赋能与创新产出。数据显示，北京、上海和浙江是互联网相关产出最高的地区，分别达到了1.484万元/人、1.135万元/人和1.285万元/人。显示了这些地区数字经济的显著发展和产业创造力。这些地区的数字经济发展引领着相关产业的创新和增长，增加互联网的产出带动了就业机会的增加，进一步促进了当地经济的增长。

综合来看，北京、上海、浙江和江苏等地在数字经济方面显示出较强的实力和领先优势，这可能与当地的经济发展、科技创新和国家数字经济政策支持等因素密切相关。同时不难发现，这些地区也是全国的经济中心，吸引了大量的人口和企业，为数字经济的发展提供了有利条件。还有一些地区在其中也表现出了较高的数字经济发展水平。例如，广东、福建和四川等地的移动互联网用户数和互联网普及率方面都比较高，反映出这些地区在数字化转型和数字技术应用方面取得了显著进展。值得关注的是，有一些地区尽管在移动互联网用户数和互联网普及率上可能相对较低，但其互联网相关产出却相对较高，如贵州、云南和青海等地，这表明这些地区充分利用互联网技术和数字经济的发展机遇，实现了较高水平的创新和产值，但由于经济发展的制约导致移动互联网用户数和互联网普及率较低。总体而言，中国各地区在数字经济发展方面呈现出多元化的特点和发展态势。一方面，一些经济和科技发达的地区，如北京、上海和浙江等地，数字经济发展成果显著，领先其他地区。另一方面，一些相对欠发达的地区也在数字经济领域积极追赶，通过创新和政策支持不断提升其数字经济的影响力和贡献度，也有一定的数字经济发展成果。

3.1.2　数字经济产业效率

数字技术＋经济范式的新变革不断孕育新的产业集群，并广泛应用于其他经济部门，促进了产业领域的融合碰撞，具有较高的经济效率。数字经济涉及的重点产业在《中华人民共和国国民经济和社会发展第十四个五年规划和2035年远景目标纲要》中进行了具体的范围框定，涉及大数据、区块链、人工智能、虚拟现实和工业互联网等相关产业。其中，工业互联网的建立与当前工业发展绿色转型联系密切，工业互联网的发展将推动自主可控的标识解析体系和安全管理体系的完善。不断加强工业相关软件的研发与应用，培育并形成具有国际影响力的工业互联网平台，推进"工业互联网＋智能制造"产业的生态建设，可以减少工业发展对环境的污染，推进工业绿色发展，实现可持续发展。

中国东部、中部、西部和东北地区的数字经济规模在一定程度上存在差异。东部地区是数字经济发展最为成熟和集中的地区之一。这些地区包括沿海省域，如广东、浙江、江苏等。东部地区具有发达的信息技术基础设施和创新环境，吸引了大量数字经济企业的进入和发展，拥有丰富的数字技术人才和投资资源，并得到政府的大力支持，使该地区的电子信息制造业、软件以及互联网等高新技术产业的劳动生产率较高，加速了数字技术与传统产业的渗透融合，使传统产业边界逐渐消失，产业跨界发展不断形成新业态，带动产业效率提升，形成独具特色的产业竞争力，带动经济的高质量发展，使数字经济发展规模相对其他地区较大。中部地区数字经济发展相对滞后，但近年来，中部地区也积极推动数字经济的发展。湖南、湖北、河南等省域加大了数字技术基础设施建设和创新投入，推动数字经济产业的崛起。中部地区注重培育数字经济企业和科技园区，吸引资本和人才的流入，与其他高新产业形成了优势互补和价值链重构，人才的不断流入促使研发创新，在"干中学"模式下不断摸索技术进步，利用技术产生的外溢效应拉动该地区其他产业的技术水平，提高产业效率，加快数字经济发展步伐。西部地区在数字经济方面也在努力发展。四川、重庆、云南等省域注重数字技术的推广应用和创新创业激励，鼓励数字领域的企业发展壮大，借助政府政策支持和资源优势，积极吸引数字技术领域的投资和合作，逐渐形成数字经济的发展格局。借助当地特色，为消费者呈现个性化和差异化的服务，产业链上下游之间的关系不断根据供需关系调整，产业的组织模式具备更高的韧性，借助网络平台快速传播信息，更好地适应多变的市场需求，抵御市场风险。同时创新创业激励机制有利于发挥不同产业间的比较优势，并以数据信息融合的方式形成了一种更为紧密的耦合关系。此外，产业链上下游之间的交流可以实现实时交换，不断筛选合适的合作伙伴和消费服务对象。该地区在过往信息交流时主要依靠地理空间距离，耗时耗力，数字化手段的发展减少了信息匹配与选择成本，避免了因地理集聚造成的拥塞效应，进而提高了产业的生产率，推动数字经济的发展。东北地区数字经济发展虽然滞后于东部地区。然而，近年来东北地区也加大了数字经济的发展力度，积极推动数字技术的应用和创新。辽宁、吉林、黑龙江等地区通过科技园区建设、扶持创新创业平台的建设，推动商业模式从少数公司参与的集中式向多方参与的分布式发展，平台的共享经济模式消减了市场信息的不对称，盘活了闲置资源，并且网络信息资源类的服务可以实现自由传递并多次使用，有效解决了该地区的资源浪费。科技园区的服务对象不断扩大，消费人群迅速增长，倒逼中低端产业的转型升级，推动产业建立"数据+算法"的智能技术体系，不同的工业企业根据海量数据参与研发涉及生产的网络化协同制造模式，不断推进各产业在价值链、空间链发挥协同效应和聚合效应，促进新业态、新模式的生成，为数字经济产业发展提供支撑。

3.2 工业发展现状

3.2.1 工业产业结构现状

近年来，全球工业发展绿色转型进程加快，我国工业发展绿色转型在全球范围内取得了显著进展。各国政府和企业纷纷推动绿色生产和消费，通过优化资源配置、提高生产效率、减少污染和浪费等手段实现工业发展绿色转型。我国制定了《工业节能和绿色标准化行动计划（2017—2019）》和《大气污染防治行动计划》，逐步完善了污染物排放标准，推动重点行业进行节能减排和绿色转型。

中国工业产业结构现状在过去几十年经历了重大变化。以前中国的工业主要集中在传统制造业领域，如纺织品、服装、家具等。然而随着时间的推移，中国逐渐实现了产业升级和转型。当前中国的工业产业结构主要分为高科技制造业、汽车制造业、能源与化工行业和机械装备制造业这几类高精尖产业。其中，高科技制造业包括电子设备、计算机和通信设备、航空航天设备等。2023年政府工作报告指出：我国过去五年高技术制造业增加值年均增长10.6%，经济结构进一步优化。中国成为全球最大的电子产品制造和消费国之一。汽车制造业，中国汽车制造业蓬勃发展，许多国际汽车制造商在中国设立了生产基地，并且中国自主品牌也崭露头角，中国已成为全球最大的汽车市场，2023年上半年，汽车制造业增加值同比增长13.1%。能源与化工行业，中国是世界上最大的能源消费国之一，能源与化工行业在中国经济中扮演着重要角色，包括石油、天然气、煤炭等资源的开采和加工，未来十年节能低碳化工产业将发展迅速，其发展前景既引导着新经济的增长，也决定着国家的生产力水平的提升。机械装备制造业，中国的机械装备制造业涵盖了各种类型的机械设备，如工程机械、农业机械、机床等。为整个国民经济提供技术装备，其发展水平是国家工业化程度的主要标志之一，是国家重要的支柱产业。由此可见，中国已成为全球最大的机械设备生产国和出口国，中国的工业产业结构朝着高科技制造和创新驱动转型，力求提升产品质量和附加值，实现可持续发展。

本书主要分析我国2020年的工业发展现状。中国东部地区包括沿海省域，如广东、浙江、江苏等，是中国最早开放和经济发展最快的地区，工业发展规模较大。中部地区包括湖南、湖北、河南等省域，相对于东部地区来说工业发展相对滞后，工业产业主要集中在基础设施建设、能源化工、冶金、钢铁和机械制造等领域。西部地区包括四川、重庆、云南等省域，具有丰富的自然资源，如煤炭、石油、天然气和稀土等。近年来，我国积极推进西部大开发战略，促进西部地区的工业发展。东北地区包括辽宁、吉林、黑龙江等省域。东北地区曾经是中国重要的工业基地，以重工业为主导，由于多种因素的影响，东北地区的工业发展在一段时间内面临挑战。

表3-2   2020年我国30个省域工业发展规模

省域	工业化水平/%	规模以上工业企业固定资产合计/万元	规模以上工业企业从业平均人数/万人	工业增加值/亿元	煤炭消耗/万吨
北京	0.16	10 244.7	83	18 151.04	1 099.34
天津	0.35	8 531.09	108	16 585.8	5 681.19
河北	0.38	21 208.93	272	32 457.78	28 105.65
山西	0.43	16 768.95	192	11 550.45	49 035.95
内蒙古	0.40	15 137.56	88	11 103.56	49 035.95
辽宁	0.37	15 087.7	195	19 629.1	20 369.91
吉林	0.35	4 040.35	76	1 765.1	11 142.26
黑龙江	0.25	6 113.97	84	3 584.14	17 106.78
上海	0.26	10 770	184	17 437.82	4 420.62
江苏	0.43	38 880.97	856	106 853.68	26 620.03
浙江	0.41	22 126.93	684	58 779.98	16 084.62
安徽	0.40	11 782.43	283	23 412.38	17 587.17
福建	0.46	10 324.46	414	32 928.8	6 360.81
江西	0.43	9 191.81	238	27 391.31	7 477.31
山东	0.39	36 428.29	551	79 404.82	39 561.73
河南	0.41	22 385.82	465	31 945.81	25 058.14
湖北	0.37	10 384.96	275	23 412.38	8 730.65
湖南	0.38	9 470.71	313	31 056.8	7 402.33
广东	0.39	27 217.9	1 309	79 404.82	13 266.81
广西	0.32	8 384.36	126	16 585.8	6 517.77
海南	0.19	1 090.45	11	1 747.45	1 099.34
重庆	0.40	5 187.12	162	13 139.38	5 646.68
四川	0.36	15 563.95	302	23 412.38	7 712.85
贵州	0.35	4 789.03	77	1 765.1	13 266.81
云南	0.34	8 687.17	80	9 161.04	7 477.31
陕西	0.43	12 880.19	163	21 035.9	18 132.77
甘肃	0.31	6 752.1	47	1 747.45	7 617.59
青海	0.38	3 445.75	15	3 584.14	4 728.13
宁夏	0.41	3 407.62	30	3 584.14	14 034.39
新疆	0.35	9 421.34	72	1 901.15	21 790.02

工业化水平是衡量地区工业发展成熟程度的重要指标。从表3-2中可以看出,

不同省域的工业化水平在0.16%到0.46%之间，较高的工业化水平意味着该省域的工业和经济相对发达，拥有更加成熟和多样化的产业结构。规模以上工业企业固定资产合计是衡量经济发展规模和吸引力的指标，不同省域的规模以上工业企业固定资产合计数额差异较大，这反映了各地工业发展的规模和产业结构的差异。规模以上工业企业从业平均人数反映了工业就业规模的指标，各省域的从业平均人数差异较大，表明不同省域的工业就业机会和经济结构也存在差异。工业增加值是衡量工业经济增长的指标，反映了工业产出的增加价值，由于不同省域的产业结构、技术水平和资源禀赋等因素导致其差异较大。煤炭消耗量显示了不同省域能源利用和环境承载能力的差异，不同省域对煤炭资源的需求和利用程度的差异也揭示了环境承载能力的差异。

3.2.2 工业产业质量

中国工业产业质量在过去几十年中取得了显著提高。通过加强产品质量标准、提升制造技术水平、品牌建设和知识产权保护、质量监管和质量控制体系以及消费者意识的提高，中国的工业产品质量得到了显著提升。根据表3-3中2020年我国30个省域工业发展质量的各指标情况可知，工业废水中氨氮排放总量与二氧化硫排放量东部地区和中西部地区各省域情况大致与工业发展规模相一致，工业发展规模大的省域主要污染物的排放量也相对较高。

表3-3　2020年我国30个省域工业发展质量

省域	一般工业固体废物产生量/万吨	工业废水中氨氮排放总量/吨	工业中二氧化硫排放总量/吨
北京	415	34	988
天津	1 739	96	9 756
河北	34 081	141	122 789
山西	42 635	33	122 494
内蒙古	35 117	45	223 916
辽宁	25 526	96	144 429
吉林	4 676	44	53 072
黑龙江	6 769	86	90 311
上海	1 809	206	5 200
江苏	11 870	97	108 322
浙江	4 591	131	49 495

省域	一般工业固体废物产生量/万吨	工业废水中氨氮排放总量/吨	工业中二氧化硫排放总量/吨
安徽	14 012	35	104 672
福建	6 043	32	61 330
江西	12 083	107	86 395
山东	24 989	54	152 865
河南	15 355	46	56 958
湖北	8 987	128	55 105
湖南	4 360	144	64 288
广东	6 944	82	101 296
广西	9 030	58	82 609
海南	714	5	5 854
重庆	2 272	358	46 992
四川	14 903	98	125 027
贵州	9 516	352	143 584
云南	17 473	58	146 194
陕西	12 430	58	63 981
甘肃	5 450	36	66 045
青海	15 724	51	38 683
宁夏	6 738	25	67 861
新疆	9 354	123	125 838

不同省域之间工业废物产生和排放方面存在显著差异，可能受不同的工业结构、经济发展水平以及环保管理措施等因素的影响。山西是工业固体废物产生量最大的省域，达到 42 635 万吨，这可能与该省域丰富的煤炭和能源资源有关，因为煤炭、能源和化工等行业通常会产生大量的固体废物。其次内蒙古、河北等地也是工业废物产生量较高的省域，因为这些省域的经济发展以重工业为主，所以产生了大量的工业废物。在工业废水排放方面，重庆是氨氮排放总量最高的省域，达到 358吨，贵州、江西等地也是排放量较高的省域，与这些省域的农业、冶金、化工等行业的废水处理情况有关，废水中的氨氮可能来自农业化肥的使用以及生活污水处理不完全等。工业中二氧化硫排放总量最高的省域是内蒙古，为 223 916 吨，山西、辽宁等省域也排放了大量的二氧化硫，这些省域有较多的火力发电厂、钢铁厂等重工业，通常会排放大量的二氧化硫。上述数据反映了不同省域工业废物处理和环境

污染治理的差异情况，政府和相关部门可以根据这些数据制定相应的政策和环保措施，以减少工业废物的产生和排放量，采用更有效的废水和废气处理技术，保护环境和生态系统的健康。

3.2.3 中国工业发展绿色转型的优势

近年来，我国工业发展绿色转型取得明显成效，当前工业能源消费低碳化成效显著，且工业用能结构持续优化，煤炭清洁高效利用稳步推进，资源利用循环化水平稳步提升，水资源节约利用水平持续加强。《工业绿色发展白皮书》显示，2022年，我国高技术制造业占规模以上工业比重达到15.5%，较十年前提高了6.1%，2012—2022年规模以上工业单位增加值能耗累计下降超过36%，2022年大宗工业固废资源综合利用率超过52%，较2012年提高了近10个百分点。2022年重要再生资源综合利用总量与2012年相比提高了约1.4倍，工业增加值用水量较2012年下降了60.4%，规模以上工业重复用水率连续10年提高。

我国产业结构高端化快速发展，以高端化、创新化、绿色化为产业发展目标，实现先进产业集聚发展，着力打造低能耗、少污染、高附加值、强竞争力的产业发展新引擎。工信部数据显示，截至2022年底，我国建成并投入使用2 100多个高水平的数字化车间和智能工厂，带动仪表、管件和家电等工业产品生产、迭代和交付能力明显增强，化工、冶金、食品和炼油等流程型工业的生产可靠性提高，其中智能制造的示范工厂生产效率提升了34.8%，碳排放减少了21.2%。2022年，由新一代信息技术、高端器械、新材料及新能源等形成的网络化产业组织形态的先进制造业集群，我国已建成45个，覆盖了制造强国建设重点产业，该集群逐渐成为引领企业高质量发展、提升产业竞争力的中坚力量。产品装备供给绿色化优势加快形成。绿色低碳产品供给持续加强，累计推广近3万种绿色产品，新能源汽车产销连续8年居全球第一，光伏行业总产值突破1.4万亿元，产业链各环节产品产量再创历史新高，全球风电整机制造商前10名中，中国企业占6家。数字化赋能的作用也在持续凸显，目前5G基站的单站址能耗已比2019年商用初期降低了20%以上，全国规划在建的大型以上数据中心的平均设计电能利用比值已经降到了1.3%。数字化、智能化和绿色化的融合正在加速进行，截至2022年底，全国工业企业关键工序的数控化率和数字化研发设计工具的普及率分别达到了58.6%和77%，相较于2012年分别提高了34个和28.2个百分点。同时，我国绿色制造和服务体系建设加快推进，工业绿色发展政策机制逐步完善，推进工业发展绿色转型的优势极大，这些机制主要有以下几项内容。

3.2.3.1 政策支持

政府出台了一系列鼓励和支持工业发展绿色转型的政策措施，包括减税减费、补贴支持、政府采购偏好绿色产品等。这些政策为企业提供了积极的激励和支持，推动了工业发展绿色转型的发展。2021年，工业和信息化部关于《"十四五"工业绿色发展规划》强调指出，必须不断降低碳排放等强度，确保能源效率稳步提升。从"十五"计划到"十四五"计划，国家将政府工作的关注重点之一转向实现绿色可持续发展，提出"双碳"目标更使绿色发展成为我国工业未来的主要目标之一。上海不断优化绿色转型保障措施，以数字化引领绿色化，推动产业绿色转型发展，积极布局绿色低碳新领域，持续深化数字化赋能，推动关键领域绿色化数字协同转型。天津市已实施6项国家绿色制造重大工程项目，培育了9家国家绿色制造系统解决方案供应商，成功打造了10家企业，生产60余种国家绿色低碳产品，涵盖105家国家绿色工厂、35家国家绿色供应链管理企业以及4家国家绿色工业园区，对全市工业绿色转型发挥了重要引领作用。深圳市发布了《关于发展壮大战略性新兴产业集群和培育发展未来产业的意见》，提出发展以先进制造业为主体的20个战略性新兴产业和8大未来产业。深圳市明确表示，到2025年，战略性新兴产业的增加值将超过1.5万亿元。2022年12月召开的中央经济工作会议也明确提出推动"科技—产业—金融"良性循环，而市场作用和产业政策对这三大领域形成正向的交互循环都很重要。因此，我国高度重视工业行业及企业的研发投入。各级政府正在不断完善支持绿色发展的财税、金融等政策和标准体系，以在绿色转型中激活新的发展引擎，出台的产业政策主要着眼于自身的发展，把发展"放在自己力量的基点上"作为实现产业安全的路径，但在进行技术改造时，投资的不确定性让很多企业特别是中小企业没有能力、动力去引进先进技术和工艺。这时，产业政策积极去"扶一把"，通过税收优惠、研发投入抵扣、政府采购等方式去激励企业采用更先进的技术，以提高产品质量和生产效率。一是基础研发阶段，此时政府利用财政投入、税收优惠、政府采购等政策工具，实施一批重大的国家科技项目。二是创新技术产业化的前端。创新技术从实验室到工厂之间，需要经历前端试验性的开发，这时中国政府的产业引导基金在该阶段要发挥引领作用。

此外，政府与行业紧密合作，加大对技术密集度高和污染程度高的工业行业及企业的支持力度，同时放宽了对服务中间进口品的引进限制。政府在关键核心技术攻关中统筹调配全国资源，更有效地推动企业作为科技创新主体的发展。同时，鼓励产业采用国外优质服务要素，通过先进的技术手段降低生产及其他过程对环境的污染，促进工业企业的绿色转型升级。当前，各地政府和商会积极组织企业家赴海外招商引资，实现一定规模的增量外商直接投资、对外直接投资和技术交流，合理配置资源，继续保持我国制造业在全球生产网络中的规模优势，提高经济净增长水平，推动我国工业经济向绿色发展迈进。

3.2.3.2 技术创新和应用

推动产业的高端化、创新化、绿色化是实现工业发展方式绿色转型的大势所趋，传统制造业技术升级主要侧重两个方面，一方面是利用更先进的技术提高传统产业的生产效率，包括利用自动化、数字化、智能制造等技术改造生产车间的流水线，提升生产效率，进一步巩固规模经济优势。另一方面是利用更高端的工艺和工程技术来提高产品的质量和内在价值。高价值产品背后是更精细的工艺、更稳定的良品率等。无论是对内的消费升级，还是抢占国际市场，这方面提升的空间都很大。中国在绿色技术创新方面取得了一系列突破，包括节能减排技术、环保设备、废弃物处理和资源回收等。工业领域的节能降碳策略主要侧重于采用清洁能源和储能等先进技术服务，通过科技创新为工业注入动力，降低生产过程中的污染排放。对于高污染、低技术水平的行业和排放量大的工艺环节，引入先进的减污工艺和设备。这些绿色技术的应用有效降低了工业生产中的污染物排放，提高了资源的利用效率，不仅推动了生态文明建设，也促进了我国战略性新兴产业的发展。环保设备的应用有助于统筹推进产业结构高端化、能源消费低碳化、资源利用循环化、生产过程清洁化、制造流程数字化、产品供给绿色化转型，在落实碳达峰、碳中和目标任务过程中形成新的产业竞争优势，使绿色成为新型工业化的普遍形态。

强大的科技创新力，既是我国推进新型工业化的重要内驱力，也是加快形成新质生产力的核心。我国不仅有大企业，还有很多专精特新、隐形冠军，它们源源不断地涌现出来，不断地迭代创新。企业的不断创新反过来也促进了产业的不断升级。从产业体系看，各行业持续推动产业结构优化升级，具有智能化、绿色化、融合化特征和符合完整性、先进性、安全性要求，具有国际竞争力和行业特点的现代化产业体系正在加速形成。

3.2.3.3 推动节能减排

中国加大了对工业节能减排的力度，鼓励企业优化生产工艺和制定节能减排方案。通过技术改造和管理措施，工业企业的能源消耗和废弃物排放量逐步下降，实现了工业生产与环境保护的协调发展。

对于能耗强度降低的最终结果，国家对各省区市实行基本目标和激励目标管理，各省区市根据地区经济目标和能耗基本目标确定能源消费总量，有序实施国家重大项目能耗单列，支持国家重大项目建设。实施优化完善能耗双控制度。企业坚持节能优先，以能源产出率为重要依据，实现能耗双控政策与碳达峰、碳中和目标任务的有效衔接。污染物排放总量控制制度是加快低碳发展、实现产业绿色转型、推动能源结构优化、改善环境质量、提升环境治理水平的有效策略。坚持源头防治，精准治污，推进减排工程有序进行，提高企业减排能力。强化减排工作的监督管理，对高耗能高排放项目的发展从根源杜绝，对不听劝导的企业和项目明确处置意见。金融机构应完善融资政策并对融资项目实行管理监督，加强统计监测能力建设，对涉及"两高"的项目及时制止并向相关部门告知。

国家发展改革委环资司副司长刘琼表示，能效对标对表的实行，可以实现系统降本，能效领跑，激发节能潜力，推动节能降碳，技术创新。当前我国企业节能减排重点工程涉及重点行业、相关园区、城镇和生活产业的节能减碳工程。对重点行业进行超低排放改造，完成发电、钢铁行业（含炼焦工序）超低排放改造收尾工作，加强油气回收治理，开展重点行业清洁生产和资源的循环利用。高效利用煤炭清洁，实施全过程污染物治理。实施清洁电力和天然气替代，推进清洁能源的生产全过程推广，有效实现污染物源头防治。企业大力发展智能产品，积极运用大数据优化组织模式，推进绿色规划、绿色建设、绿色运行管理。全面提高节能标准，积极推进节能改造、更新升级技术、设备。加快设施设备节能改造，提升能效，全面开展节约型机关创建行动，提高城市公用车辆新能源汽车的比例。加快大宗和中长途货物运输铁水公等多式联运。推动物流环节节能减排，推广低能耗运输装备，加快绿色仓储建设。有序推进基础设施建设，推进新型基础设施能效提升，实现基础设施共建共享。引导工业企业集聚型发展，形成园区产业，实现能源系统整体优化和污染有效防治。鼓励园区优先利用可再生能源，加强企业废物的集中贮存和处置，推动污染物集中治理等"绿岛"项目。

3.2.3.4 绿色产业链建设

全球绿色供应链建设可以有效应对气候变化、生物多样性丧失和环境污染三重危机。绿色供应链，能够让供应链更加稳定，并突破绿色技术壁垒，在国际竞争中取得更大的优势。中国在推动绿色供应链建设方面，鼓励企业采取绿色采购、绿色设计、绿色物流等措施，促进整个供应链的绿色化转型。这有助于减少环境影响和资源消耗，推动绿色转型的全产业链发展。中国政府十年间坚持推广绿色供应链，先后启动大气、水和土壤污染治理，且环保督察和治理力度前所未有。在政府、研究机构和社会组织的共同推动下，绿色供应链的理念逐步深入人心，被众多企业所接受。目前参评企业已经实现倍数增长，均实现绿色采购和公开披露供应链环境与气候风险管控要求。目前为止，累计推动2.5万家次供应商做出整改或披露。2023年的CATI指数评价显示，中外企业均在提速降碳行为，测算并披露相关产品碳足迹，厘清生命周期各阶段所导致的直接或间接的温室气体排放总量。

推进新型工业化，需要加强技术攻关，提升创新能力，增强产业链相关产品的自主供给能力。从供给端看，中国制造业的增加值占全球比重近30%，并且拥有最完整的产业链和供应链。相较于发达国家的技术优势和发展中国家的要素成本优势，制造业的规模经济在某种意义上是我国最大的"比较优势"。在短期内，通过稳定的供应链保持住制造业的总量规模优势，就是维系我国产业链竞争力的重要基础。从需求端看，我们背靠国内超大规模的市场，这也是规模经济的重要源泉。中国拥有14亿人口，人均GDP 1.2万美元，是全球最有潜力的增量消费市场，这是中国产业链保持稳定的需求端基础。近年来，新冠疫情冲击影响居民收入，特别是边际消费倾向更强的中低收入者受到的影响较大，我国通过就业促进政策提高中低收入者的消费能力，是进一步保持我国产业链稳定性的关键。现在产业升级主要是在产业链、供应链、价值链上的节点上升级。即使是传统产业的产品在节点上的升级依然会新增巨大的价值。在此过程中，产业链的"链主"企业很重要，好的开头才会有好的发展，产业链供应链上下游企业升级才能有序推进。利用国内超大规模的市场需求，培育本土的自主品牌，并推向全球市场，创造品牌红利。中国本土具有国际影响力的跨国企业，具有牵头作用，调配整个产业链供应链上下游各个节点的要素，带动本土上下游企业的协同发展。中国是制造业的"巨人"，"巨人"中提高产业链供应链竞争力的关键是一些隐形冠军，或者说专精特新企业。这些很多是中小企业，是重点领域和关键环节的核心技术或设备、零部件的提供者。不仅防止在高端芯片这样明面上的"脖子"被扼住，还有一些在正常供应链环境下不引人瞩目但国际市场结构比较集中的"脚脖子"环节起重要作用。同时，中国企业积极地"走出去"，在全球产业链重构中主动布局，使国内外产业遥相呼应。从FDI指标和ODI指标以及跨国公司的生产布局来看，产业链和供应链各环节是有进有出的，产业唯有在各类要素流动和重组中才能实现升级。企业主动进行海外布局，不仅掌握海外的供应链的主导权，让本土企业处在价值链的更高的位置上，向海外企业提供高标准、高影响、高技术含量的产品和服务，还吸引知名跨国公司来华投资，它们不仅带来资金，更重要的是带来相关的技术、人才和管理经验。

3.2.3.5 环境监管和治理

绿色低碳发展是实现可持续发展的必由之路，工业污染物的排放会直接影响工业经济的绿色发展。近年来，随着全球变暖、物种灭绝、生态系统失衡和极端气候事件频发，人类生存和发展面临重大挑战。在此背景下，中国积极参与全球治理活动，践行人类命运共同体理念、采取务实行动，为共同建设清洁美丽的地球注入信心和力量。从"十五"时期开始，我国积极拓宽环保投资渠道，不断增加环保投入力度，提高资金保障水平。工业污染治理投资额占全国污染治理投资比重不断提高，2007年投资额已超过500亿元，在2014年达到峰值状态，此后我国工业环境污染治理的投资额均保持在600亿元以上。"十四五"时期，我国坚持"绿水青山就是金山银山"理念，强化空间管控边界，坚持山林田湖草系统治理，遵循生态系统的整体性、系统性及内在发展规律，建立地上地下、陆海统筹的生态环境治理制度，不断提高生态环境治理的系统性、整体性和协同性，持续推动源头治理、系统治理和整体治理。我国加强了对工业企业的环境监管和治理，完善环境检测体系，强化了排污许可制度和环境执法力度，开展省市县镇村的环境监管新模式，有效打通环境监管的"最后一公里"，深化各部门对环境监管的思想认识，压紧压实各主体责任，切实破解基层环境治理难题。对各类环境违法行为"零容忍"，加大惩治力度，增强全社会对环境保护的重视。坚决纠正执法不到位问题，始终保持严厉打击环境违法的高压态势，对环境监管中出现的治理顽疾做到长效治本，推升生态环境治理持续改善。对于现存的违法违规建设项目进行全面清理，坚决落实整改措施，通过严格监管和追责，减少环境风险和污染物排放，重拳打击违法排污行为，对拒不改正的采取强制执行措施，并实施执法后督察，建立环境信用评价制度，将违法企业列入"黑名单"并向社会公开，鼓励社会组织、公民依法提起公益诉讼行为，失信企业一次违法、处处受限，推动企业主动采取环保措施。积极开展环境治理的机制创新，探索形成了"政府、企业、市场、社会"等多方参与的环境治理机制，减少了一方懈怠导致环境监管不到位问题的发生。

3.2.3.6 各部门协同合作

政府不断制定修订有关资源综合利用、循环经济、清洁生产及生态环境监测相关的法律法规，深入开展能效、清洁领跑者引领行动。各级财政加大节能减排重点工程支持力度，统筹安排相关专项资金专项使用，且奖惩有度，对超额完成等级的地区给予奖励。健全绿色金融体系，支持节能减排企业上市融资和再融资，支持重点行业领域节能减排。扩大绿色信贷覆盖范围，用好碳减排支持工具和支持煤炭清洁高效利用专项款。积极推进环境污染责任保险的宣传与投保。落实环境保护、节能降碳、清洁能源使用税收优惠政策。加强组织领导，确保各部门和相关单位的政策和行动与中央关于节能减排的决策部署相一致，从经济社会发展大局出发，坚持系统观念统筹发展，充分认识节能减排工作的重要性和紧迫性。中央企业带头承担节能减排目标责任，实行更严格的节能目标管理。国家发展改革委与生态环境部统筹协调，推动节能减排任务及时落实，防范化解风险。地方各级人民政府将本地区节能减排目标与国民经济和社会发展五年规划及年度计划充分衔接，形成自上而下的管理。开展全民行动，社会媒体倡导简约适度、绿色环保、节能低碳的生活方式，增强全民节约意识，从生活小事出发，营造绿色低碳社会风尚。企业加大绿色低碳产品推广，科研院所加大绿色技术研发和推广，实现绿色技术全产业应用。公益组织宣传生态环境监督渠道，开展节能减排自我践行活动，引导工业企业、社会部门和人民公众自觉履行节能减排责任。专门的培训机构提供全面的节能减排技术和管理培训，包括高校、职业培训机构、企业内部培训等。制定与节能减排相关的专业职业标准，明确相关岗位的职责、要求和技能，为人才培养提供规范和指导。高校、科研机构与企业通力合作，开展与节能减排相关的科研项目，培养更多的专业人才，推动技术创新。建立行业与企业的紧密合作关系，使培训更贴近实际工作需求，提高人才的实际操作技能。鼓励企业与高校、科研机构等合作，使科研成果更快地转化为实际的生产力，并为学生提供实践机会。完善市场化机制。培育和发展排污权交易市场，有条件的地区扩大排污权交易试点范围。制定健全的法规体系，明确排污权交易的法律依据和操作规程。为排污权交易提供法律保障，确保市场运作的合规性和透明度，确保排污权是可交易的产权，并明确排污权的产权归属，避免产权纠纷，提高市场的稳定性和可预测性。建立统一的排污权交易平台，提供信息发布、交易撮合、结算等功能，促进市场的形成和规模扩大。制定科学合理的排污配额和标准，激励企业降低排放，促进绿色生产，推动创新和技术升级。设立有效的监管机制，监督排污权的获取、转让和使用，保证市场运行的公正和公平。制定激励政策，鼓励企业主动减排，通过排污权交易获得经济激励，如税收优惠、财政奖励等。保障排污权市场信息的透明度，向公众和企业披露相关信息，促使更多的参与者了解市场动态，提高市场的有效性。鼓励有条件的地区扩大排污权交易试点范围，通过试点的经验总结和改进，逐步推广至更多地区。

尽管中国在工业发展绿色转型方面具有一定的优势，并取得了一定的成就，但仍面临挑战。目前我国一些地区的环境治理和绿色转型进展较慢，东西部地区工业绿色转型水平仍存在一定差异，传统高能耗高污染行业仍然存在，没有完全实现技术改进和产业升级，能源利用效率仍然不高，当前各省域创新水平不高和资金倾斜不足也是制约绿色转型的因素之一。因此，进一步加大政策支持、技术研发和产业升级的力度对工业发展绿色转型尤为重要，全面推进工业发展绿色转型仍然是一个重要的任务，任重而道远。

3.3 本章小结

工业发展绿色转型现状分析主要集中在研究工业发展绿色转型的理论基础、技术路线、实施策略、评价指标体系和实施机制等方面。中国各省域在工业发展绿色转型方面取得了积极的进展，政府部门和企业都意识到环境保护和绿色可持续发展的重要性，加大了对绿色技术研发和创新的支持，推动了工业结构调整和产业转型升级，减少了污染排放和资源浪费，提升了环境质量和生态系统的稳定性。然而由于不同省域的发展水平和资源禀赋存在差异，各省域间的工业绿色转型水平不尽相同，一些省域仍需继续努力，加大绿色转型力度，实现更加可持续和环保的工业发展。

4 数字经济促进工业发展绿色转型的作用机制分析

随着大数据、云计算、机器学习和人工智能等技术在各领域的广泛应用，数字经济的发展特征逐渐显现，主要体现在以下几个方面：一是高速发展。数字经济以互联网和信息技术为基础，以其快速、灵活、高效的特点，推动经济快速增长。数字经济领域涌现出了众多新兴产业和新业态，如电子商务、在线教育、共享经济等，受到广泛关注。二是创新驱动。数字经济强调创新和创造价值，促进了科技和商业模式的创新。通过数字技术的应用和创新，可以形成新的产业链、创造新的价值链，推动经济结构的优化升级。三是数据驱动。数字经济的核心是数据，通过大数据的应用和分析，能够提供更精准的市场预测、用户需求分析和产品研发。数据的价值正在成为数字经济中的重要资产，数据的收集、存储、管理和加工将成为数字经济中的重要环节。四是跨界融合。数字经济促进了不同产业和领域之间的融合和交叉，形成了新的商业模式和产业链。数字技术在传统行业中的应用，能够提升产业效率、降低成本，同时也改变了传统产业的商业逻辑和竞争格局。五是高度开放。数字经济强调开放合作和共享共赢的思想，鼓励企业和个人之间的合作和联盟。数字经济推动了信息的流动和交流，突破了传统经济的地域限制，实现了全球经济的一体化和互联互通。六是对人才要求高。数字经济的发展对人才提出了更高的要求。在数字经济的发展中，需要具备数字化思维、创新能力、数据分析能力、跨界融合能力等方面的人才，不断适应数字经济快速发展，并对数字经济的发展提供新的思想和技术需要。

当今社会和经济发展的客观趋势是将工业绿色发展与数字经济相融合，这也必将成为未来社会生产力的必然走向。鉴于此，本书将深入研究影响促进工业发展绿色转型的直接因素和间接因素，从多个角度探讨数字经济对工业发展绿色转型的影响机制。首先，我们将阐述发展数字经济对工业绿色转型所带来的直接影响；其次，通过考察人力资本、创新产出、城市化水平等中介变量，详细说明数字经济与工业绿色转型之间的联系，以及通过这些中介变量如何影响绿色发展。

4.1　数字经济促进工业发展绿色转型的直接作用机制

本书认为，数字经济主要通过提升资源利用效率、环境监测治理、产品生命周期管理和绿色供应链管理等方面的作用，可以有效促进工业发展的绿色转型。这些机制的实施将有助于减少资源的浪费，降低工业发展对环境的负面影响，使我国工业生产和经济发展达到可持续发展的目标。首先，数字化技术可以提高生产过程中的资源利用效率，通过数据分析、智能控制等手段实现精细化管理，减少资源浪费和能源消耗。例如，通过物联网技术实现对生产设备的远程监控和智能调度，可以减少能源的浪费，提高能源利用效率。其次，数字化技术可以加强环境监测和治理能力，实现对环境污染源的精确监测和治理。通过传感器、数据采集和分析等技术，可以实时监测污染源的排放情况和环境变化，为环境治理提供科学依据和决策支持。另外，数字经济可以促进产品的创新和升级，推动向环保型产品转型。通过数字技术的应用，可以实现产品的可追溯性和监测，提高产品的质量和环保性能。例如，通过区块链技术可以实现产品的溯源，确保产品的环保属性和生命周期信息的透明度。最后，数字经济可以促进资源的再利用和循环利用。通过数字技术的应用，可以提高资源的回收和再利用效率。例如，通过大数据分析可以实现废弃物的分类和再利用计划的优化，推动资源的循环利用。

数字经济促进工业发展绿色转型的直接作用机制如图4-1所示。

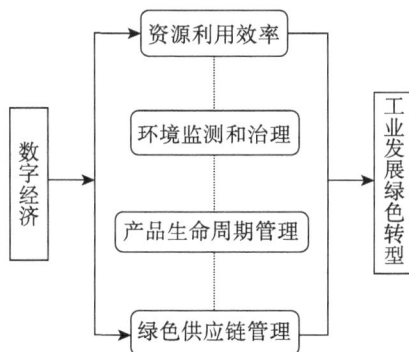

图4-1　数字经济促进工业发展绿色转型的直接作用机制

4.1.1　资源利用效率机制

资源利用效率机制是指在资源分配和利用过程中，通过建立相应的规则和机制，使资源得以有效利用。它可以通过建立市场机制、政府干预、制定配额、定价等方式来实现。市场机制是资源配置的一种重要方式。通过市场竞争，资源会自动流向效率最高的方向。市场机制的基础是充分的信息流动和公平的竞争环境，这样才能实现资源的有效配置。政府在资源利用过程中可以采取一定的干预措施，来引导和规范资源的利用。政府可以通过制定相应的政策、法规、标准等来提高资源利用的效率，如设立环境保护税、能源管理政策等。制定配额是一种资源管理和利用的手段。通过设定资源利用的限额，可以限制资源的过度开采和浪费，从而提高资源的利用效率。例如，一些行业或地区会对资源的开采和利用进行配额控制，以确保资源的可持续利用。此外，定价机制是资源利用过程中的一种常用机制。通过合理定价，可以实现资源的有效配置和利用。通过价格机制，可以引导消费者选择资源利用效率更高的产品或服务，同时也能够激励生产者更加节约资源。

数字化技术可以通过实时数据采集和分析，优化生产过程中的资源利用效率。例如，通过物联网技术监测和控制设备的能源消耗，工厂可以精确地调整生产线和设备的工作状态，减少能源的浪费。此外，数字化技术还可以帮助企业进行物料和能源的智能管理，减少不必要的资源浪费。具体而言，数字经济通过提升资源利用效率来促进工业发展绿色转型主要体现在以下几个方面。

第一，体现在数据分析和预测上。数字经济可以通过大数据和人工智能等技术来对资源利用进行分析和预测，从而帮助企业更加准确地预测市场需求进而进行生产规划，从而减少过剩生产和资源浪费。企业可以根据预测的需求来合理安排生产，避免资源的过度开采和不必要的消耗。

第二，体现在共享经济和碎片化利用上。数字经济可以通过在线平台和共享经济模式，实现资源的共享和碎片化利用。通过共享经济模式，人们可以共享闲置物品和服务，减少资源的闲置浪费。同时，通过碎片化利用，可以充分利用资源的每一个细节和剩余部分，避免资源的浪费。

第三，体现在虚拟化和云计算上。数字经济可以通过虚拟化和云计算等技术，降低企业的能耗和资源利用。通过将服务器和数据中心虚拟化，可以减少硬件设备的使用，降低能耗和资源消耗。同时，云计算技术可以实现资源的集中管理和共享使用，提高资源利用的效率。

第四，体现在智能制造和物联网技术上。数字经济可以帮助企业建立更加高效的资源回收与循环利用体系。通过智能感知和物联网技术，可以实时监测和管理废弃物的收集、运输和处理过程，提高资源的回收率和再利用率。同时，通过数字化的设计和生产，可以更好地实现产品的可循环性和再利用性，减少资源的浪费。物联网技术可以实现设备之间的连接和数据交换，从而提高生产过程的效率和资源利用率。

第五，体现在数字政府和政策支持上。数字经济可以通过数字化政府平台和政策支持来促进工业绿色转型。数字化政府平台可以提供企业和政府之间的信息交流和合作机制，促进绿色技术的应用和推广。政策支持可以通过激励和奖励措施，鼓励企业采取更多的绿色技术和措施，提升资源利用效率。

总之，数字经济通过提升资源利用效率，能够促进工业发展绿色转型，实现经济增长和环境保护的双赢。

4.1.2 环境监测和治理机制

环境监测和治理机制是指为了保护环境实施的一系列监测和管理措施的组合。这些机制旨在监测环境质量、评估环境影响、制定环境政策、实施环境规范和治理措施，以及监督和强制执行相关法规和规定。环境监测是环境治理的基础，通过采集、分析和解释环境数据来评估和监测环境质量、自然资源利用情况和环境影响。环境监测可以包括空气、水、土壤、噪声等多个方面的监测，通过监测数据可以评估环境状况和变化，并为环境决策提供科学依据。环境治理机制则是通过政府、企业、社会组织等各方的合作，制定并实施环境政策、法规和标准，以保护和改善环境质量。环境治理机制包括环境规划和评估、环境登记和审批、环境监督和执法等各个环节，它们确保环境保护措施的有效实施。环境监测和治理机制的重要性在于提供了科学依据和法律依据，确保环境保护措施的有效性和可持续性。它们可以帮助政府、企业和公众了解环境问题的现状和趋势，指导环境决策和规划，促进环境可持续发展。

数字经济提供了更先进的环境监测和治理技术，可以实时获取环境数据并进行分析。企业可以利用这些数据来监测和评估其生产活动对环境的影响，从而采取相应的措施减少污染排放。例如，利用物联网技术监测工厂的废水排放、大气污染物排放等指标，企业可以及时发现问题并采取措施进行治理，降低对环境的负面影响。具体而言，数字经济通过环境监测和治理来促进工业发展绿色转型主要体现在以下几个方面。

第一，体现在数据收集和分析上。数字经济可以通过监测和收集工业活动的环境数据，包括废气排放、水质污染、能源消耗等方面。这些数据可以帮助企业了解自己的环境影响，并制定相应的治理措施。

第二，体现在实时监测和警报系统上。数字技术可以实现对工业活动的实时监测，以及对环境问题的快速报警和响应。例如，通过传感器网络和物联网技术，可以实时监测工业废气排放、水质等问题，并在出现异常情况时及时发出警报，帮助企业及时采取措施防止环境污染。

第三，体现在数据可视化和共享上。通过数字技术，可以将环境数据可视化展示，使政府、企业和公众能够更加直观地了解工业活动对环境的影响。同时，数字技术可以促进环境数据的共享，加强跨部门和跨企业的合作，共同推动环境治理工作。

第四，体现在智能决策和优化上。数字技术可以帮助企业进行智能决策和优化，以提高工业活动的效率和环保性。例如，通过数据分析和模型预测，可以优化生产流程，减少能源消耗和废物产生，实现绿色转型。

总的来说，数字经济可以通过环境监测治理来提高工业发展的绿色转型水平。通过数据收集、实时监测、数据可视化和共享、智能决策和优化等手段，可以帮助企业更好地了解和管理自己的环境影响，促进工业活动向更加环保和可持续的方向发展。同时，数字技术可以促进政府、企业和公众之间的合作与共享，共同推动环境治理工作的进展。

4.1.3 产品生命周期管理机制

产品生命周期管理是指企业在产品生命周期各个阶段对产品进行策划、开发、推广、销售和服务的管理机制。产品生命周期管理的主要目标是确保产品在不同阶段的市场竞争力，最大化产品的销售和利润。具体来说，产品生命周期管理机制包括产品规划、产品设计和开发、产品推广和销售、产品生产和供应链管理、产品服务和客户关系管理以及产品评估和改进等。产品规划是指确定产品的市场定位、目标市场和目标客户群，制定产品开发计划和上市时间表。产品设计和开发是指根据市场需求和竞争情况，设计、开发和改进产品，包括产品设计、功能开发、外观设计等。产品推广和销售是指根据产品的特点和目标客户群，制定推广和销售策略，包括市场调研、品牌推广、渠道管理等。产品生产和供应链管理是指确保产品的生产和供应链能够满足市场需求，包括生产计划、供应商管理、质量控制等。产品服务和客户关系管理是指提供产品的售后服务，维护客户关系，包括售后服务、客户培训、投诉处理等。产品评估和改进是指根据市场反馈和竞争情况，对产品进行评估，进行改进和升级，以保持产品的竞争力。通过有效的产品生命周期管理机制，企业可以更好地掌握市场需求和竞争情况，提高产品的市场占有率和利润，同时能够更好地满足客户的需求。

数字化技术可以实现产品全生命周期管理，从产品设计、生产、使用到废弃的全过程进行有效监控和管理。通过数字化技术的支持，企业可以更加精确地分析产品的环境影响，并在产品设计阶段考虑环境因素，降低产品的环境影响。同时，数字经济还可以提供更加智能化的废弃物管理和回收利用方案，减少对环境的负面影响。具体而言，数字经济通过产品生命周期管理来促进工业发展绿色转型主要体现在以下几个方面。

第一，体现在数据驱动的生产优化上。数字经济可以通过实时数据采集、分析和应用，帮助企业了解产品在不同阶段的环境影响和资源消耗情况，并进行生产过程的优化。例如，在产品设计阶段，数字经济可以通过虚拟模拟和分析，降低废材产生并提高材料利用率；在产品使用阶段，数字经济可以通过互联网和物联网技术，帮助企业进行能源管理和节能控制，减少资源的浪费。

第二，体现在供应链透明化与绿色选择上。数字经济可以通过企业间的数据共享和供应链透明化，促使企业更全面地了解供应链中不同环节的环境问题，并选择绿色、低碳的供应商。同时，数字经济还可以通过数字化的认证系统，帮助企业和消费者更好地识别和选择环境友好型产品。

第三，体现在产品生命周期评估和标准制定上。数字经济可以支持企业实施产品生命周期评估，并为产品制定相应的环境标准和指标。这有助于企业了解产品在整个生命周期中的环境影响，发现和解决环境热点问题，并推动企业实施绿色技术创新和可持续发展。

第四，体现在消费者参与和信息传递上。数字经济可以通过互联网和社交媒体等渠道，促使消费者参与到产品生命周期管理中，了解产品的环境性能和可持续性，提高消费者对绿色产品的认知和购买意愿。同时，数字经济还可以通过数字化的信息传递和反馈机制，帮助企业与消费者建立更紧密的联系，促进消费者的环保行为和消费习惯的改变。

总的来说，数字经济通过产品生命周期管理的应用，可以帮助企业更好地了解和管理产品的环境影响，推动工业的绿色转型，实现可持续发展。

4.1.4 绿色供应链管理机制

绿色供应链管理指的是企业在供应链管理中采取的一系列环保措施和进行的环

保实践,以减少对环境的影响并提高可持续经营能力。绿色供应链管理机制包括以下几个方面:一是环境评估与选择。企业对供应链中的合作伙伴进行环境评估,选择符合环保标准的供应商和物流合作伙伴。二是产品设计与创新。企业通过改进产品设计和采用环保材料,降低产品的环境影响,推动产品的可循环和可再利用。三是能源与资源管理。企业在供应链中实施节能减排和资源回收利用,采用清洁能源以降低碳排放和能源消耗。四是运输与物流优化。企业通过优化物流网络、路线选择和运输方式,降低运输成本和碳排放,提高物流效率。五是供应商管理与合规。企业制定绿色采购政策,要求供应商遵守环保标准和合规要求,并与供应商建立长期合作和共同发展的机制。六是环境监测与报告。企业建立环境监测系统,定期对供应链中的环境影响进行监测和评估,并向内外部利益相关方发布环境报告。通过建立和实施绿色供应链管理机制,企业可以降低环境风险和成本,提高品牌声誉和竞争力,同时为实现可持续发展和保护环境做出贡献。

数字经济的发展为绿色供应链管理提供了新的手段和工具。通过数字技术的支持,企业可以实时追踪供应链中产品的来源和流向,从而识别供应链中的环境风险和瓶颈,进而采取相应的措施优化供应链结构和运作方式,减少资源的浪费和环境的负面影响。具体而言,数字经济通过绿色供应链管理来促进工业发展绿色转型主要体现在以下几个方面。

第一,体现在数据共享与透明化上。通过数字技术的应用,企业可以实现供应链各环节数据的共享与透明化。这样一来,企业可以更加清晰地了解供应链中各环节的环境影响和资源消耗情况,从而有针对性地推动绿色转型。

第二,体现在优化物流与能源利用上。借助数字技术,企业可以对供应链中的物流运输进行优化和协同,减少运输距离和时间,降低能源消耗和二氧化碳排放。此外,通过数字技术的应用,还可以实施能源管理系统,对能源使用进行监控和优化,提高能源的利用效率。

第三,体现在节约资源与循环经济上。数字经济可以支持企业实现资源的节约与循环利用。通过数字化的供应链管理,企业可以更好地掌握原材料和资源的使用情况,从而提升资源的利用效率。另外,数字经济还可以促进废弃物的回收和再利用,推动循环经济的发展。

第四,体现在数据驱动的环境管理上。数字经济可以通过大数据和人工智能等技术,对企业的环境管理进行数据驱动。通过数据分析,企业可以识别出环境风险和机遇,采取相应的环境措施和创新。而数字技术的应用还可以实现环境监测的远程控制和预警，帮助企业及时解决环境问题。

总之，数字经济可以通过绿色供应链管理的推广可以帮助企业实现绿色转型，减少环境负面影响，提高资源利用效率，并促进工业发展与环境可持续性的统一。

4.2　数字经济促进工业发展绿色转型的中介效应作用机制

本书认为，数字经济的发展水平通过人力资本、创新产出、城市化水平这三种途径，推动了工业绿色发展效率的提升。首先，我国近几年数字经济的快速发展大大增加了对高质量人才的需求，特别是具备数字技术和信息管理能力的人才。在提升人力资本的这一过程中，一方面，人们更加关注绿色环保和可持续发展的问题，且更加注重在工业生产中应用数字技术和信息化手段来实现绿色生产，提高资源利用效率；另一方面，人力资本的提升还将推动创新能力的增强，为工业绿色发展提供技术支持和创新动力。其次，数字经济的发展将加快新模式、新技术和新产品等创新的产生，这些创新在工业生产中的应用不仅可以促进节能减排，降低资源消耗和环境污染，还能提供更加智能化和集成化的解决方案，提高资源利用效率和生产效率，进而实现工业绿色转型和可持续发展。最后，数字经济的蓬勃发展将为城市化提供支撑，提高城市化水平的质量和效率，使城市化进程加速。城市化水平的提高可以提供更完善的基础设施和公共服务，提高资源利用效率和环境保护水平。同时，城市化还可以促进各种资源和信息的集聚，加强产业的协同发展，以此推动工业发展绿色化转型。

因此，数字经济通过人力资本的提升、创新产出的增加以及城市化水平的提高三条路径推动工业绿色发展效率增长。这些机制相互作用、相互促进，为实现工业绿色发展和可持续发展提供有力支持。

数字经济促进工业发展绿色转型的中介效应作用机制如图4-2所示。

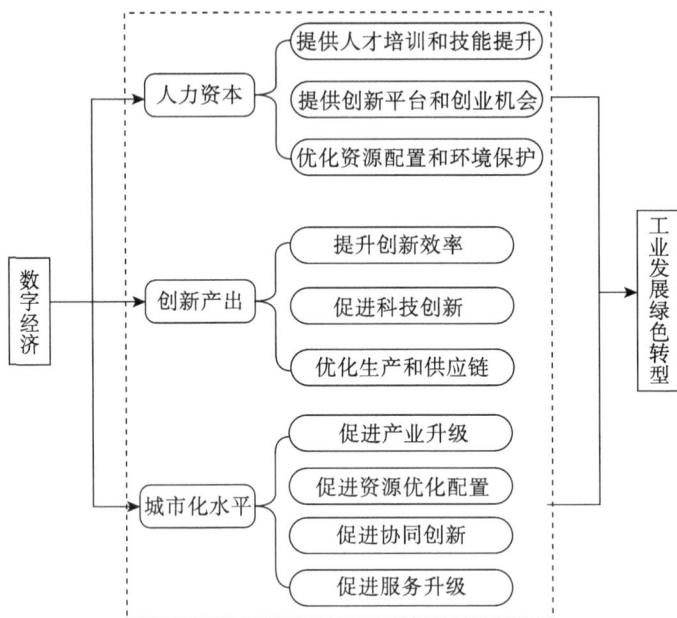

图4-2　数字经济促进工业发展绿色转型的中介效应作用机制

4.2.1　人力资本路径

根据程名望等（2016）的定义，人力资本是"凝聚在劳动者身上的具有经济价值的知识、技能、健康和体力等因素之和，是劳动者质量的反映"。它是一种被视为投资的概念，可通过教育、培训和工作经验等方式不断积累和提高。与物质资本不同，人力资本不能被直接拥有，但它是个人或组织所拥有的一种资源，可以带来经济效益和社会效益。人力资本对个人和整个社会发展都具有重要意义。从个人角度看，培养人力资本有助于提高个人竞争力，扩大就业机会，并提升收入水平。对社会而言，人力资本可以促进经济增长、创新和社会进步。人力资本不仅包括学历和职业技能，还包括人际关系、领导能力、沟通能力等非学术技能。

4.2.1.1　数字经济、人力资本和工业发展绿色转型之间的关系

从数字经济和人力资本之间的关系来看，首先，数字经济的发展需要高素质的人力资源。由于数字经济的特点，要求劳动者具备较高的科技能力和数字化技能，能应对不断变化的技术需求。因此，培养和提升人力资本对于数字经济的可持续发展至关重要。其次，人力资本的积累可以推动数字经济的发展。数字经济的核心是信息技术的应用和创新，而这需要具备高水平的科技人才。只有拥有充足的技术力

量，才能推动数字经济的创新和进步，提高经济效益。此外，数字经济对人力资本提出了新的需求。随着数字经济的快速发展，对劳动者的知识更新和应变能力提出了更高的要求。劳动者需要具备不断学习和适应新技术的能力，以适应数字经济的发展需求。最后，数字经济的发展也为人力资本的增长和提升创造了新的机遇。数字经济的发展推动了信息技术的普及应用，提高了人力资本的质量和效率。通过数字经济，人们可以获得更多的机会参与到创新、创业和知识经济中，提升自身的人力资本。总之，数字经济和人力资本是相互依存、相互促进的关系。数字经济的发展需要高素质的人力资本，而人力资本的提升也可以推动数字经济的发展。双方相互促进和支持，将共同推动经济的持续发展和进步。

从人力资本和工业发展绿色转型之间的关系来看，人力资本的提升对于工业发展绿色转型至关重要。人力资本的增长意味着人们的知识水平和专业技能得到提升，他们更能适应和应对环境变化、绿色技术和绿色产业的需求。人力资本的提升可以促进工业向绿色转型，推动环境友好型的生产方式和可持续发展。首先，人力资本是推动绿色转型的重要基础。只有拥有高技能、高素质的劳动力，才能具备研发、应用和推广绿色技术的能力。在绿色转型过程中，需要大量具备环境保护意识和技术能力的专业人才，他们能推动新技术的研发和应用，为工业发展提供绿色解决方案。其次，人力资本的不断提升是绿色转型的必要条件。随着科技和社会的发展，绿色技术不断创新，需要不断学习和更新知识和技能。培养和提升人力资本，使其具备对绿色技术的理解和应用能力，可以更好地适应和推动绿色转型。此外，人力资本的投资和发展也是绿色转型的重要支撑。政府和企业对于人力资本的投资和培养，能够推动绿色技术和创新的发展，创造更多绿色就业机会，加速绿色产业的发展。这种投资不仅可以推动经济的可持续发展，还可以改善环境质量和人民生活品质。因此，人力资本和工业发展绿色转型是相互促进的关系。人力资本的提升和发展为绿色转型提供了关键的支撑和推动力量，而绿色转型的发展也需要依靠人力资本的投资和培育。最后，数字经济的发展可以推动工业发展绿色转型，工业发展绿色转型也可以反过来促进数字经济的发展。绿色转型要求工业部门采用环保技术和清洁能源，减少资源消耗和环境污染，促进可持续发展。这将为数字经济提供新的机遇和需求，推动数字经济的创新和发展。因此，数字经济、人力资本和工业发展绿色转型三者是相互关联、相互促进的。数字经济的发展为人力资本的提升提供了新的机遇，人力资本的提升推动了工业发展绿色转型，而工业发展绿色转型又可以促进数字经济的发展。这三者之间的良性循环将推动经济的可持续发展和社会的繁荣。

4.2.1.2　人力资本在数字经济促进工业发展绿色转型过程中的作用

相关研究表明，随着数字经济的快速发展，高质量的劳动者在进行工业化生产的过程中，能够更加善于运用数字化技术来提高生产速度。这些高质量人才在运用数字化技术的同时，也能够促进技术革新，从而提高工业生产效率。另外，一般来说，越是接受过高等教育和专业培训的劳动者，越能将绿色发展理念贯彻到日常生产过程中，从这一层面来讲人力资本在数字经济促进工业发展绿色转型过程中发挥着正向作用。本书将数字经济分解为产业数字化和数字产业化，在此基础上，本书接下来分别探讨人力资本在产业数字化促进工业发展绿色转型过程中的作用以及人力资本在数字产业化促进工业发展绿色转型过程中的作用。

1.人力资本在产业数字化促进工业发展绿色转型中的调节作用

在数字经济被分解为产业数字化和数字产业化的基础上，首先探讨人力资本在产业数字化促进工业发展绿色转型过程中的调节作用。

具体而言，在制造业中，人力资本的调节作用主要体现在劳动者技能水平的提升和工作效率的提高方面。在制造业生产越来越受到重视的今天，制造业企业通常更加注重对员工的培训，与从前制造业员工多进行简单劳动不同，随着数字化技术的应用，传统的制造业正在向智能制造业转变，需要更多具备数字化技术操作和相关技能的工人，这些工人需要进行复杂劳动，往往是简单劳动的倍数。从这一方面来讲，当这些高素质劳动者投入生产过程中，可以更好地适应数字化工作环境，提高生产效率和产品质量，并且减少资源的浪费和污染的排放。此外，经济的快速发展使产品更新换代较快，劳动者需要自主更新知识体系，互联网也为劳动者自主学习提供更多的便利，节约了更多的资源从而促进绿色发展。在能源行业中，人力资本的调节作用主要体现在技术研发和管理方面。数字化技术的应用可以提高能源的利用效率和清洁能源的开发利用。高素质的人才可以提供创新的解决方案，推动能源行业的绿色发展。同时，他们还可以设计和管理数字化系统，以确保能源设施的稳定、高效运行。在建筑业中，人力资本的调节作用主要体现在设计和建造方面。数字化技术可以在设计阶段模拟和优化建筑项目，以减少能源的消耗和对环境的影响。高素质的建筑师和工程师可以利用数字化工具进行创新设计，以减少建筑材料的浪费和施工过程中的能源消耗。在物流行业中，人力资本的调节作用主要体现在供应链管理和运输方面。数字化技术可以提高物流效率，以减少运输中的能源消耗和排放。高素质的物流专业人才可以通过数字化平台实现供应链的精细化管理，实时监控货物的运输情况和优化路径，以减少运输距离和提高运输效率。总之，人力资本在产业数字化促进工业发展绿色转型中起到了关键的调节作用，通过提高技能水平、推动技术创新和优化资源利用，可以推动工业向绿色、可持续方向发展。

由此可见，在工业绿色转型过程中，随着生产者质量的提高以及生产资料的升级，我国正逐步将过去高污染、高能耗的粗放发展模式转变为精准化、高效化、节能化与绿色化生产。依据新古典经济发展模型，人力资本的提高会使社会最终达到稳态，但随着劳动力的增加，尤其是高素质人才的增加能够使在一定技术水平下的生产效率进一步提高。

2.人力资本在数字产业化促进工业发展绿色转型中的调节作用

人力资本在数字产业化促进工业发展绿色转型的过程中同样发挥着重要的调节作用。这种调节作用主要体现在整体的管理过程中，当企业家才能被注入时，会促进企业高效运行。

数字产业化催生了更多高素质管理人才，使整个工业领域的管理能力得到提升，形成一套更加完善的管理体系。当工业发展面临极端问题以及环境遭到破坏时，完善的管理体系能够帮助优化资源配置，及时有效地解决问题，从而促进绿色发展。此外，随着数字产业化的发展，各工业产业之间联系更加密切，高级管理人员之间竞争更加激烈，正向竞争会随着信息透明度的增加而被放大，促使高级管理人员不断提升自身技能以适应产业发展。人力资本对绿色转型的贡献不仅体现在技术能力上，还促使工业企业需要具备环保文化、劳动者需要具备环保意识。数字产业化为劳动者提供更多的信息和教育渠道，使人力资本更加了解和认同绿色理念，具备良好的环境意识和生态意识。这些高素质劳动者在大是大非面前，往往更加倾向于选择更加低碳长效的生产方式，从而促进生产质量的提升，并且在工业领域形成可持续发展的环保文化。

4.2.1.3 数字经济通过影响人力资本来推动工业发展绿色转型的机制分析

本书认为数字经济通过影响人力资本来推动工业发展绿色转型主要表现在以下六个方面。

第一，数字经济的发展将为工业发展绿色转型提供人才培训和技能提升机会。首先，数字经济的发展需要大量的专业技术人才，通过为从业人员提供绿色技术培训，如环保工程师、再生能源技术人员等，可以帮助工业从业人员掌握绿色技术和环保知识，提高他们在工业绿色转型中的能力，推动绿色技术的应用和创新。其次，数字经济的发展可以为企业和创业者提供相关的培训和支持机制，通过搭建创业教育和创新孵化平台，培养绿色产业的创新创业者，鼓励企业和创业者发展绿色产业，推动我国绿色产业的发展和转型。再次，数字经济为企业提供了数据分析和决策支持的工具，可以帮助工业企业进行环境管理和绿色决策。通过数据分析，企业可以了解和评估环境影响，优化生产过程，减少资源浪费和环境污染。提供决策支持工具，企业能够更有效地进行绿色转型的战略规划和实施。最后，数字经济可以通过数字化技术的应用和推广，提供环境数据监测、资源利用优化、智能化控制等方面的支持，推动工业部门的数字化转型，提高生产和管理的效率，进而帮助企业实现绿色生产和可持续发展。

第二，数字经济通过提供人才培训和技能提升机会，帮助人力资本转型升级，使其具备适应数字经济发展的能力，使其可以在数字经济领域发挥更大的作用，为工业发展绿色转型提供重要的支持和推动力。数字经济为从业人员提供绿色技术培训，促进绿色产业发展，并提供数据分析和决策支持，推动数字化转型，帮助企业实现绿色转型和可持续发展。

第三，数字经济的发展将为工业发展绿色转型提供创新平台和创业机会。首先，数字经济的发展能够创造许多新的商业模式和创新机会，例如，共享经济模式的兴起。数字经济能够提供大量共享经济的平台，促进资源的共享和循环利用。通过在线平台和共享经济模式，人们可以共享自己的闲置物品，减少人们对新资源的需求，不仅可以提高人们的绿色消费意识，而且可以提高资源利用率，从而推动绿色转型。同时，数字经济还可以为绿色产业和环保企业提供新的商机和市场，推动环保技术和产品的创新。其次，数字经济以技术创新为核心，可以提供许多新兴技术和应用，如人工智能、大数据分析、云计算等，这些技术可以帮助工业部门实现资源的高效利用、能源的节约和环境的保护。例如，通过使用大数据分析和物联网技术，工业企业可以优化生产过程，减少废料和能源的消耗，从而实现绿色转型。最后，数字经济可以提供供应链的可追踪性和透明度，通过数字化技术，企业可以更有效地管理和监控整个供应链过程，减少资源浪费和环境污染。这可以推动供应链的绿色转型，促使企业采取更加环保的生产方式和材料选择。

第四，数字经济通过提供创新平台和创业机会，促进技术创新、商业模式创新和供应链创新，推动工业发展绿色转型。它可以为企业和个人提供绿色发展的机会，解决环境问题和推动绿色转型的新思路和方案。同时为人力资本提供更广阔的发展空间，使其能够积极参与到工业发展绿色转型的过程中。

第五，数字经济的发展将为工业发展绿色转型提供资源配置优化和环境保护。首先，数字经济提供了大数据分析和人工智能等技术工具，可以对资源的利用情况进行更加精确的分析和预测。这样，企业可以更加准确地评估资源使用效率、环境影响和成本效益，从而做出更合理的决策。同时，数字经济可以通过监测和管理系统，对环境进行实时监测和评估，提供科学决策的依据，推动工业向绿色转型。其次，数字经济促进了企业间资源的共享和循环利用。通过数字平台的建设和信息技术的应用，企业之间可以更加方便地共享和交换资源，避免了资源的低效浪费。同时，数字经济也能够推动废弃物的回收再利用，实现资源的循环利用和减少浪费。再次，数字经济的发展促进了节能减排和环保技术的创新。通过数字技术的应用，企业可以实现对能源和物资更加有效的管理，从而实现节能减排的目标。同时，数字经济也可以为环保技术的研发和应用提供更多的机会和平台，促进绿色技术的创新和应用。最后，数字经济促进了各个产业之间的融合和协同发展。通过数字技术的应用，不同产业之间可以更加紧密地合作，实现资源和知识共享，从而提高资源利用效率和环保水平。数字经济的发展孵化出了一些新的产业和业态，如共享经济、"互联网+"，这些新兴产业和业态往往以绿色发展为理念，推动了工业的绿色转型。

第六，数字技术的应用和数字平台的建设可以为企业提供更加精确的数据和分析工具，促进资源共享和循环利用，推动节能减排和环保技术的创新，促进产业融合和协同发展。为此，数字经济能够通过优化资源配置和环境保护来推动工业发展绿色转型。

4.2.2　创新产出路径

创新产出是指通过创新活动获得的新产品、新技术、新业务、新模式等具有经济价值的成果。创新产出既可以是新产品的研发成功，新技术的应用成果，新业务模式的推出，也可以是市场份额的增长，经济效益的提高等。创新产出是创新活动的最终目标和价值，是推动企业和社会发展的关键因素之一。

4.2.2.1　数字经济、创新产出和工业发展绿色转型之间的关系

从数字经济和创新产出的关系来看，首先，数字经济为创新产出提供了推动力。一方面，数字经济的兴起促进了技术的创新，推动了各行各业的发展。通过数

字技术的应用，企业可以提高生产效率、降低成本，实现创新产出；另一方面，数字经济也为创新提供了更加便利的平台和更多的机会，加速了创新产出的速度和质量。数字技术和信息通信技术的发展使创新更加容易和更加高效。通过数字技术，企业可以更好地获取和分析市场信息，发现和抓住创新机会。同时，数字技术的应用可以提高生产效率，降低成本，从而促进更多的创新活动。其次，创新产出也促进了数字经济的发展和壮大。创新带来了新的产品、服务和商业模式，推动了数字经济的不断扩张。创新活动带动了数字经济相关产业的发展，如电子商务、互联网金融等，同时促进了传统产业的数字化转型升级。由此看来，数字经济和创新产出相互促进、相互催化，共同推动了经济的发展和进步。数字经济的发展为创新提供了更多的机会和发展空间，而创新产出则促进了数字经济的持续壮大。这种相互关系将进一步推动经济的转型升级和创新驱动发展模式的发展。

从创新产出和工业发展绿色之间的关系来看，首先，创新产出为工业发展提供了绿色转型的路径和方法，有助于工业发展绿色转型。通过创新，引入新的环保技术和可持续发展方案，可以减少工业发展对环境的影响。通过创新产出，企业可以实现资源的高效利用、废弃物的减少以及对环境的保护，工业部门可以开发新的清洁生产技术和环保产品，以减少污染物排放和能源消耗。例如，发展环保能源、节能和废弃物处理技术可以实现工业生产的绿色转型，从而减少环境负担。其次，工业发展绿色转型也可以促进创新产出。转型过程中，工业部门需要采用新技术、新材料和新工艺，从而催生新的创新产出。例如，推动绿色化的汽车工业需要开发电动车技术、新能源技术和智能交通系统等，这些创新产出将推动整个工业发展的创新。此外，创新产出和工业发展绿色转型也相互促进。创新产出可以提供绿色转型所需的技术和产品支持，而绿色转型又为创新产出提供了市场需求和应用场景。双方的相互作用将创造更多的创新机会和创新产出，进一步推动工业领域的绿色转型。总之，创新产出和工业发展绿色转型是相互依存和相互促进的。创新产出推动工业发展绿色转型，而绿色转型则为创新产出提供了市场需求和发展机会。通过加强二者的关系，可以实现更加可持续和环保的工业发展。

从数字经济和工业发展绿色转型之间的关系来看，数字经济的发展有助于工业发展绿色转型。绿色转型需要依靠数字技术的支持和应用，通过数字技术的帮助，可以实现工业发展过程的优化和环境污染的减少，从而促进可持续发展。同时工业发展绿色转型也可以为数字经济提供发展的基础和保障，反向促进数字经济的可持续发展。

综上所述，数字经济、创新产出和工业绿色转型形成了相互促进、相互支持的紧密关系。数字经济的推动促使创新产出，而创新产出则推动工业发展向绿色转型。反过来，工业绿色转型的推进促进了数字经济的可持续发展。这三者之间的良性循环有助于推动经济的持续增长和可持续发展。

4.2.2.2 创新产出在数字经济促进工业发展绿色转型过程中的作用

创新产出对于绿色经济增长、工业节能减排以及产业结构转型升级的重要性在学界已经形成广泛共识。学者一致认为，技术创新能够有效推动工业朝着绿色方向转型。技术和知识的不断更新有助于提升产品技术附加值、优化产品结构，从而实现最大化利润。同时，将高新技术创新成果引入传统工业产业，有助于推动传统产业向数字化、信息化方向发展，最终实现技术的经济应用。由技术创新带来的经济效益提升，将进一步激励工业企业增加对技术创新的投入，推动企业实施节能减排，从而达成工业绿色转型的目标。本书在将数字经济分解为产业数字化和数字产业化的基础上，分别探讨创新产出在产业数字化促进工业发展绿色转型过程中的作用以及创新产出在数字产业化促进工业发展绿色转型过程中的作用。

1.创新产出在产业数字化促进工业发展绿色转型中的调节作用

在数字经济被分解为产业数字化和数字产业化的基础上，首先探讨创新产出在产业数字化促进工业发展绿色转型过程中的调节作用。工业的数字化转型是指运用信息技术和数字化手段，对工业生产过程进行优化和改进的过程。产业数字化可以促进工业绿色转型，实现资源的高效利用，减少环境污染，并提高工业发展的可持续性。

具体而言，创新产出使生产过程更高效、更精确，能够优化资源利用，减少能源和原材料的浪费。例如，通过数字化技术实现智能控制和优化排程，可以降低生产过程中的能源消耗和物料损耗。创新产出可以推动绿色技术的应用和发展，减少环境污染物的排放。例如，数字化技术可以提高工业设备的运行效率和准确性，减少废气和废水的产生，同时通过监测和控制系统，实现对环境污染的实时监控。创新产出可以改变企业和员工的环境意识，促使他们采取更加环保的行为。通过数字化技术的应用，企业可以更加方便地收集和分析环境数据，了解自身的环境影响，从而激励企业采取更多的环保措施。创新产出可以推动绿色产品的研发和生产。数字化技术能够提高产品的设计和制造水平，使产品在生命周期中的环境影响最小化。例如，通过数字建模和仿真技术，可以在产品设计阶段就进行环境评估，优化产品结构和材料，以减少对环境的负面影响。总之，创新产出在产业数字化促进工业发展绿色转型中的调节作用是多方面的，可以有效促进资源利用的优化、环境污染的降低，提高环保意识和推动绿色产品的开发。这些调节作用有助于实现工业产业可持续发展和绿色转型。

2.创新产出在数字产业化促进工业发展绿色转型中的调节作用

创新产出在数字产业化促进工业发展绿色转型的过程中同样发挥着重要的调节作用。这种调节作用主要体现在包括技术创新与绿色转型、产业结构调整与绿色转型、产品创新与绿色消费以及创新生态系统与绿色创业等方面。

具体而言，在技术创新与绿色转型上，技术创新是数字产业化的核心驱动力之一。通过创新产出，工业企业可以采用更高效、更节能、更清洁的生产技术，以减少资源消耗和环境污染，实现绿色转型。例如，工业企业可以开发出新型的节能设备、清洁生产工艺和环境监测系统，从而降低能源消耗、减少废弃物排放和污染物排放。在产业结构调整与绿色转型上，数字产业化可以推动工业发展的结构调整，从传统的资源密集型制造业转向更加高效和环保的服务业和知识经济。通过创新产出，工业企业可以开发出新兴的绿色产业和环保产品，如可再生能源、节能产品和环保材料。通过调整产业结构，工业企业可以实现绿色转型，并为经济发展提供更多的绿色就业机会。在产品创新与绿色消费上，创新产出可以推动工业生产和消费的协同发展，促进绿色消费的普及。通过创新产出，工业企业可以开发出更环保、更节能、更健康的产品，以满足消费者对绿色产品的需求。例如，工业企业可以开发出低碳交通工具、绿色建材和节能家电，从而引导消费者触发绿色消费行为，促进绿色生活方式的形成。在创新生态系统与绿色创业上，数字产业化为创新生态系统的形成提供了机会。创新生态系统包括科研机构、创业孵化器、投资机构和企业等不同类型的组织和个体。通过创新产出，工业企业可以与其他创新主体合作，共同推动技术创新和绿色转型。例如，工业企业可以与科研机构合作进行联合研发，共同解决环境和能源等方面的技术难题，促进绿色创业和创新创业的发展。

综上所述，创新产出在数字产业化促进工业发展绿色转型中的调节作用包括技术创新与绿色转型、产业结构调整与绿色转型、产品创新与绿色消费以及创新生态系统与绿色创业等方面。通过创新产出，工业企业能够推动技术进步、优化产业结构、提供绿色产品和引领绿色消费，实现工业发展与环境保护的双赢。

4.2.2.3 数字经济通过影响创新产出来推动工业发展绿色转型的机制分析

本书认为数字经济通过影响创新产出来推动工业发展绿色转型主要表现在以下四个方面。

1.数字经济的发展将为工业发展绿色转型提升创新效率

数字经济利用先进的信息技术手段，加速创新活动的整个过程，包括研发、设计、生产和营销等环节。通过数字化、自动化和智能化的技术手段，可以大幅提升创新的效率，从而加快工业绿色转型的进程。首先，数字经济提供了更高效的信息传输和共享机制。数字经济利用互联网和通信技术，能迅速、准确地传输大量信息，实现各个环节的信息共享和协同。这样可以更加高效地获取和利用各种环保技术、研究成果和经验教训，加快绿色技术的研发和推广速度。其次，数字经济优化了资源配置和利用。数字经济能够整合和优化资源的配置和利用，降低资源的消耗和浪费。例如，通过数据分析、模型建立和智能化管理，工业企业可以更加准确地预测市场需求和物资供应情况、优化生产计划和物流配送，减少过剩产能和库存，从而减少资源的浪费。再次，数字经济促进绿色创新和创业。数字经济为创新提供了更多的机会和空间。通过信息技术的应用，企业可以更加有效地开展市场调研、产品设计和生产过程的监测和控制，提高绿色创新能力。同时，数字经济还孕育了新兴的绿色产业和新型的创业模式，为绿色转型提供了更多的创业机会。最后，数字经济增强环境治理的效率和精度。数字经济可以实现对环境污染和资源消耗的精确监测和评估，提高环境治理的效率和精度。通过传感器、监测设备和大数据分析，可以实时监测和分析工业生产过程中的排放物、废水、废气等环境指标，及时采取措施减少污染。同时，数字经济可以实现环境治理效果的动态评估和预测，为政府和企业提供更科学的决策依据，提高环境治理精度。总之，数字经济通过提供高效的信息传输和共享机制、优化资源配置和利用、促进创新和创业以及增强环境治理效率和精度等方式，推动工业发展绿色转型。

2.数字经济的发展将为工业发展绿色转型促进科技创新

数字经济提供了丰富的创新资源和平台，包括大数据、云计算、人工智能等。这些技术可以支撑工业创新，帮助企业更好地理解市场需求、提高产品设计和生产效率以及资源利用效率。通过提供创新工具和资源，数字经济能够促进科技创新，推动工业向绿色转型。首先，数字经济为工业发展提供了丰富的创新技术和工具，如物联网、大数据分析、云计算等，这些技术可以帮助企业将资源利用效率最大化，减少能源和资源消耗。其次，数字技术可以帮助企业优化生产流程，提高生产效率，减少生产过程中的资源浪费、废弃物的排放和能源的消耗。再次，数字经济可以建立更智能、更高效的供应链管理系统，帮助企业实现材料、能源和信息的高效流动，减少资源消耗和环境污染。最后，数字经济可以提供更好的能源管理和监测技术，帮助企业更好地利用和管理可再生能源，如通过智能电网、能源储存等技术实现可再生能源的稳定供应和高效利用。同时，数字经济可以通过跨界合作、共享经济等模式，促进绿色产品和服务的创新，推动工业向低碳、环保的产业转型。

总之，数字经济通过提供创新的技术和工具，优化生产流程，促进绿色供应链管理，提供可再生能源支持，以及促进绿色产品和服务创新等手段，推动工业发展向绿色转型，并实现可持续发展。

3.数字经济的发展将为工业发展绿色转型优化生产和供应链

数字经济可以通过物联网、大数据分析等技术手段，实现对生产环节的智能化管理和优化。通过数字化的监测和控制手段，可以实时监测和调整生产过程，提高生产效率和资源利用效率，减少环境污染和能源浪费。数字经济还可以通过优化供应链管理，减少资源、能源和物流的浪费，实现供应链的绿色化。首先，数据收集和分析能力。数字经济能够收集和分析大量的数据，包括生产过程中的能源消耗、废弃物排放和资源利用情况等。通过对这些数据的分析，企业可以更好地了解自己的生产过程，找到节能减排的潜力所在。其次，数字经济可以实现生产过程的智能化控制，通过物联网和传感器技术，企业可以实时监测和控制生产过程中的能源消耗和废弃物排放，及时采取相应的措施进行调整和优化，以减少对环境的影响。再次，数字经济可以帮助企业实现对资源的精细化管理，通过精确的数据和模型分析，企业可以更好地了解资源的利用情况和瓶颈，优化资源配置，降低资源的浪费。最后，数字经济为企业提供了新的商业模式和创新途径，如共享经济、电子商务等。这些模式和途径可以减少生产和供应链中的资源浪费，提高资源的利用效率，推动绿色转型。

总之，数字经济通过数据的收集、分析和智能化控制，可以帮助企业优化生产和供应链，实现更加绿色、可持续的发展。数字技术的应用使企业能够更加精确地了解和控制生产过程中的能源消耗、废弃物排放和资源利用情况，从而减少对环境的影响，推动工业发展绿色转型。

4.数字经济促进了绿色创新和新兴产业发展

数字经济为绿色创新和新兴产业的发展提供了有利条件，可以通过在线平台和电子商务等手段，促进绿色产品和服务的推广和消费，推动绿色市场的形成和扩大。同时，数字经济还可以通过支持跨界合作和开放创新，促进不同行业之间的融合和创新，推动绿色产业的发展。首先，数字技术可以帮助企业实现生产过程中的资源节约和能源效率的提升。例如，通过物联网技术可以实现智能能源管理，减少能源浪费；通过数据分析可以优化生产过程，减少物料消耗和废弃物产生等。其次，数字经济为绿色创新提供了新的机遇。数字技术的快速发展为研发和应用绿色技术提供了更多选择。例如，大数据分析可以帮助企业发现和开发更环保的产品和技术；新兴技术如人工智能和区块链可用于环境监测和碳排放管理等。再次，增加新兴产业发展机会。数字经济的发展为新兴绿色产业提供了发展机会。例如，可再生能源产业、环保科技和可持续发展解决方案等都是数字经济时代的新兴产业。数字技术的使用可以提升这些新兴产业的效率和竞争力。最后，数字经济可以提供更多环境信息和数据的在线共享和公开。企业和政府可以通过数字化的平台收集和分享环境数据，促进透明度和合作。同时，数字经济也可以支持进行可持续发展评估和评价，帮助企业和政府制定绿色发展策略和政策。总之，数字经济通过提升资源利用效率、推动绿色创新、增加新兴产业发展机会以及促进环境信息公开和可持续发展评估等方面，可以推动工业发展的绿色转型。

总而言之，数字经济通过提升创新效率、促进科技创新、优化生产和供应链促进绿色创新和新兴产业发展，以及提供环境监测和治理工具等途径，推动工业发展向绿色转型。数字经济为绿色工业的实现提供了新的机遇和挑战，有助于减少资源消耗、降低废弃物排放和环境污染，实现可持续发展。

4.2.3　城市化水平路径

城市化水平指的是一个国家或地区的城市人口占总人口的比重，以及城市化过程中涉及的城市基础设施、经济、社会服务、环境质量等方面的发展情况。通常以城市化率来衡量，城市化率是指城镇人口占总人口的比重，它反映了一个国家或地区的城市化程度。城市化水平高意味着城市人口比重高，城市基础设施发达，经济发展较快，社会服务完善，环境质量相对较好。城市化水平低则相反。城市化水平的高低对经济社会的发展有重要影响，因此，国家和地区通常会制定相应的政策来促进城市化进程，提高城市化水平。

4.2.3.1 数字经济、城市化水平和工业发展绿色转型之间的关系

从数字经济和城市化水平的关系来看，首先，数字经济可以为城市化提供支持和推动。第一，数字经济的发展推动了城市化进程。数字经济的兴起提供了更多的就业机会和经济活动，吸引了大量人口进入城市。因为人们趋向于聚集在数字经济发达的城市，寻求更多的就业机会和商机，这些人口涌入城市，加速了城市化过程。第二，数字经济的发展改善了城市居民的生活质量。数字技术的应用带来了更高效的交通系统、智能化的城市管理、便捷的生活服务等，提高了城市居民的生活水平。通过为城市提供更多的优质服务，提高城市的吸引力和竞争力，进而推动城市化进程。第三，数字经济的发展推动了城市创新能力的提升。数字技术的应用促进了城市创新，推动了城市经济结构的转型升级。第四，数字经济为城市创新提供了更多的机会和平台。数字经济的发展加速了城市的综合发展。数字经济的兴起带动了城市产业的蓬勃发展，吸引了更多的资本和资源进入城市，促进了城市的经济增长和城市设施的建设，从而改善了城市的基础设施、交通管理、能源利用等，提高了城市化管理的效率和可持续性。

其次，城市化水平对数字经济的发展有着重要影响。一方面，数字经济的发展需要先进的信息和通信技术基础设施，而城市通常具有更为完善的基础设施，能够提供更好的数字经济发展条件。另一方面，城市化的加速会导致城市人口和消费需求的增长，这为数字经济的发展提供了潜在的市场需求和商机。城市化能够聚集人口、企业和资源，形成更大的市场规模和经济聚集效应，为数字经济提供更广阔的发展空间。城市化过程中的社会交往和人际网络也有助于数字经济的交流、合作和创新。另外，城市化还会带来更高的人力资源集聚效应，吸引更多的高素质人才和创业者，为数字经济提供人才支持，促进数字经济的创新和发展。综上所述，城市化水平和数字经济之间存在相互促进的关系，它们互为因果，相互推动着彼此的发展。

从城市化和工业发展绿色转型的关系来看，城市化和工业发展绿色转型之间存在密切的关系。城市化通常伴随着城市人口和经济的快速增长，这会带来对资源的大量需求和环境压力。而工业发展是城市化进程中的重要驱动力，它会消耗大量的能源和原材料，并产生大量的污染物和固体废物。然而，城市化和工业发展的绿色转型可以相辅相成。通过采取绿色技术和可持续发展的方法，工业可以减少资源消耗和环境污染，实现低碳、清洁和高效的生产方式。例如，工业可以采用更节能和清洁的生产工艺，使用可再生能源来替代传统的化石能源，推广循环经济模式，减

少废弃物的产生和排放。同时，城市化为工业的绿色转型提供了机遇。城市化带来的人口密集和基础设施建设可以为工业提供更好的交通、能源、水资源等基础条件，促进绿色技术的应用和推广。城市化还会带来更高的消费需求和市场规模，为绿色产品和服务提供更多的市场机会。因此，城市化和工业发展绿色转型是相互促进的关系。通过城市化可以推动工业的快速发展，而绿色转型可以提高城市化的质量和可持续性。只有在城市化和工业发展的过程中，注重绿色转型，才能实现可持续城市发展和经济的长期繁荣。

最后，工业发展绿色转型与数字经济和城市化水平息息相关。工业发展绿色转型追求可持续发展和环境友好型发展，而数字经济可以提供技术支持和创新手段，促进工业绿色转型。城市化水平的提高可以提供更多的市场需求和政策支持，推动工业绿色转型的加速进行。数字经济、城市化水平和工业发展绿色转型三者相互促进，形成良性循环，推动经济的可持续发展和环境的改善。

4.2.3.2 城市化水平在数字经济促进工业发展绿色转型过程中的作用

人们普遍认为，城市是人类经济和社会发展的产物，城市化是经济发展中空间聚集与分化的过程。从城市化的生成机制和发展历程来看，城市化与经济发展密切相关，最终取决于国家和地区的工业化水平以及经济结构程度。城市化与工业化相互依赖，这是一种客观规律。在工业革命以来的世界经济发展中，城市化与工业化有着内在的联系。对于发展中国家和地区而言，即使在知识经济因素快速增长的新时代，城市化与工业化的内在联系也不会改变。城镇化水平在一定程度上反映了地区的经济发展水平。通常来说，经济水平较高的地区城镇化率也较高。在这些地区，高水平的经济发展满足了人们的物质需求，因此人们对环境保护有相对较强的意识，对生态环境的要求也比较高。因此，有学者认为工业绿色发展与城镇化水平之间存在正向相关关系。然而，随着新型城镇化概念的提出，城镇化不再仅仅涉及城市土地对农村土地的扩张，更为重要的是农村人口的市民化。本书将数字经济分解为产业数字化和数字产业化，与前文类似，本书接下来将分别探讨城市化水平在产业数字化和数字产业化促进工业发展绿色转型过程中的作用。

1.城市化水平在产业数字化促进工业发展绿色转型中的调节作用

在数字经济被分解为产业数字化和数字产业化的基础上，首先探讨城市化水平在产业数字化促进工业发展绿色转型过程中的调节作用。

具体而言，在制造业中，随着城市化水平的提高，制造业的数字化程度也在不断加强。通过智能化生产和物流系统的应用，制造业可以实现生产过程的优化和资源的有效利用，从而降低资源消耗和环境污染。城市化水平的提高为制造业的数字化转型提供了更多的人力资源和市场需求，促进了制造业向绿色发展转变。在建筑业中，随着城市化水平的加快，城市建筑的数量和规模都在不断增加。数字化技术在建筑设计、施工和管理中的应用可以提高建筑设计的效率、减少施工过程中的浪费，并且使建筑的运营管理更加智能化。城市化的发展为建筑业的数字化转型提供了更多的市场机会，同时也提供了更多的需求和支持，推动了建筑业向绿色和可持续发展的方向转变。在能源行业中，随着城市化水平的提高，城市所需的能源也在不断增加。数字化技术在能源生产、传输和消费中的应用可以提高能源效率，减少能源的浪费，并促进可再生能源的开发和利用。城市化水平的增加为能源行业的数字化转型提供了更多的市场机会和推动力，加快了能源领域绿色转型的步伐。

总之，城市化水平的提高为不同类型工业的数字化转型提供了更多的市场机会和需求支持，促进了工业发展向绿色转型的方向转变。数字化技术的应用可以优化生产过程、提高资源利用效率，促进可持续发展。通过城市化和产业数字化的结合，可以实现工业发展和环境保护的良性循环。

2.城市化水平在数字产业化促进工业发展绿色转型中的调节作用

城市化水平对数字产业化也有着重要的调节作用，其主要体现在以下几个方面。第一，城市化水平对数字产业化的基础设施建设具有重要影响。城市化水平的提升会催生更多的城市基础设施建设，如道路、桥梁、电力、通信等，这为数字产业化提供了必要的硬件支持。数字产业化需要高速稳定的网络基础设施，只有城市基础设施足够完善，才能满足数字产业的发展需求。第二，城市化水平对数字产业化的人力资源供给具有关键作用。城市化水平的提升意味着人口流动和劳动力市场的扩大，这为数字产业化提供了充足的人力资源。数字产业需要大量的技术人才和运营人才，城市化水平的提升可以吸引更多的人才聚集在城市，从而满足数字产业的发展需要。第三，城市化水平对数字产业化的市场需求具有重要影响。城市化水平的提升会带动消费能力的增强，人们的消费需求也会更加多样化和个性化。数字产业可以通过借助城市化水平的提升来满足不同的消费需求，如电子商务、在线教育、智能家居等。同时，城市化水平的提升也为数字产业提供了更广阔的市场空间，促进了数字产业的发展。第四，城市化水平对数字产业化的环境保护具有调节作用。数字产业化的发展需要消耗大量的能源和资源，在一定程度上会对环境造成一定的冲击。然而，城市化水平的提升也意味着城市环境的改善和生态环境的保护，这为数字产业化的绿色转型提供了机遇。城市化水平的提升可以推动数字产业向高效节能、低碳环保的方向发展，促进数字产业的绿色转型。

总结起来，城市化水平在数字产业化促进工业发展绿色转型中具有调节作用，主要体现在基础设施建设、人力资源供给、市场需求和环境保护等方面。城市化水平的提升为数字产业化提供了必要的硬件支持和人力资源支持，同时为数字产业的发展提供了更广阔的市场空间，并推动数字产业向绿色转型发展。

4.2.3.3 数字经济通过影响城市化水平来推动工业发展绿色转型的机制分析

本书认为数字经济通过影响城市化水平来推动工业发展绿色转型主要表现在以下四个方面。

1.促进产业升级

数字经济的发展带动了信息技术、云计算、人工智能等高新技术的广泛应用，提高了工业生产和管理的智能化水平。通过数字化技术的应用，企业可以实现生产过程的优化，减少资源浪费和环境污染，推动工业绿色转型。具体来说，首先，数字经济以技术创新为核心，通过引入先进的数字技术和解决方案，推动了企业的数字化转型和升级。这种数字化转型可以改变传统产业的生产方式和管理方式，实现资源的高效利用、能源的节约和环境的保护。例如，引入物联网和大数据分析技术可以优化生产流程和资源利用效率，进而推动工业向绿色方向转型。其次，数字经济为企业提供了智能化的供应链管理和升级解决方案。通过数字化技术的应用，企业可以实现供应链的可追溯性和透明度，从而更加精确地管理和监控整个供应链过程。这有助于减少资源浪费和环境污染，推动供应链中的各个环节向绿色方向发展，实现整体绿色转型。再次，数字经济的发展孵化出了许多新兴产业和商机，如互联网金融、共享经济、数字娱乐等。这些新产业往往以绿色和可持续发展为核心价值，推动了传统产业向绿色转型的趋势。通过与数字经济产业接轨，传统工业可以获得新的增长点和发展方向，实现绿色转型和升级。最后，数字经济为人才培养和创新创业提供了新的机会。数字经济产业对于人才的需求旺盛，需要具备数字技术和创新能力的人才。通过培养这些能力，可以推动传统产业向数字化和绿色化转型，并为年轻创业者提供创新创业的平台和机会，促进产业的升级和绿色转型。综上所述，数字经济通过技术创新和数字化转型、供应链升级和智能化管理、新兴产业的涌现、人才培养和创新创业机会等方面的推动，促进传统产业的升级和绿色转型。数字经济为产业提供了新的发展方向和增长动力，推动了工业的绿色发展和可持续发展。

2.促进资源优化配置

数字经济提升了信息获取和传递速度，减缓了信息不对称的程度，从而有助于提高资源配置效率。通过数字化技术，可以实现资源的精细化管理和监控，实现资源的合理分配和利用，推动工业发展向绿色低碳方向转变。具体来说，首先，数字经济能够收集、分析和应用大量的数据，从而提供更准确的信息和洞察力，帮助企业做出更明智的决策，包括资源配置方面的决策。通过数据分析，企业可以更好地理解和优化资源利用方式，减少资源浪费，提高资源利用效率，从而促进绿色转型。其次，数字经济推动了许多创新技术的发展与应用，如物联网、人工智能和大数据等。这些技术可以在工业生产中实现智能化、自动化和高效化，减少能源和资源的消耗，降低环境污染。例如，通过设备的互联和数据分析，企业可以实现智能化的生产计划和能源管理，提高能源利用效率，减少碳排放。再次，数字经济带来了供应链的数字化转型，使供应链管理更加高效和可持续。通过数字化供应链管理，企业可以实现资源的有效配置和优化，减少浪费和库存，提高资源利用效率。同时，数字化供应链还可以实现供应链中各个环节的追溯性和透明度，有助于减少环境和社会风险。最后，数字经济可以促进绿色消费的发展。通过数字化平台，企业可以更好地与消费者进行互动和沟通，提供更多对环境友好的产品和服务选择，引导和推动消费者进行绿色消费。同时，数字经济可以提供个性化和定制化的消费体验，减少资源浪费和环境污染。综上所述，数字经济的发展可以帮助企业实现资源优化配置，从而推动工业发展绿色转型。通过数据驱动决策、创新技术应用、数字化供应链管理和绿色消费的推动，数字经济能够减少资源浪费，提高资源利用效率，降低环境污染，实现可持续发展。

3.促进协同创新

数字经济提供了连接各种资源和创新要素的平台，促进了不同产业、企业和科研机构之间的合作与交流。通过数字化技术的应用，可以实现产业间的融合创新和资源共享，推动绿色技术的研发和应用，推进工业发展的绿色转型。具体来说，数字经济可以通过以下几个方面促进协同创新并推动工业发展绿色转型。首先，数字经济通过互联网和物联网等技术手段，使企业能够更方便地收集、分析和共享大量的信息和数据。这些信息和数据可以帮助企业更好地了解和应对环境问题，推动绿色技术和创新发展。其次，数字经济打破了传统产业的边界，使不同行业和企业能够更容易地合作和共享资源。通过数字化技术，企业可以实现生产过程的协同、供应链的协同、创新的协同等，从而加速绿色技术的研发和应用。再次，数字经济的发展带来了很多新的商业模式和市场机会，如共享经济、绿色金融等。这些新的模式和机会可以为绿色技术和创新提供更多的资金和市场支持，推动工业发展绿色转型。最后，降低了能源和资源消耗：数字经济的一大特点是高效利用信息和数据来提高资源和能源的利用效率。通过数字技术的应用，可以实现工业生产过程的智能化和自动化，减少能源和资源的浪费，从而促进绿色转型。综上所述，数字经济通过提供信息和数据、促进跨界合作、提供新的商业模式和市场机会，以及降低能源和资源消耗等方面的作用，推动工业发展绿色转型。

4. 促进服务升级

数字经济的发展推动了服务业的升级和扩大，为工业发展提供了更多绿色转型的服务支持。通过数字化技术的应用，可以提升服务业的智能化水平，为工业企业提供绿色转型的咨询、技术支持和培训等服务，推动工业发展向绿色化方向转变。具体来说，首先，数字经济能够收集和分析大量的数据，帮助企业更好地了解资源利用情况和环境影响情况，以便采取合适的措施。通过数据分析，工业企业可以发现并改善不环保的生产过程，减少能源消耗和废弃物排放。其次，数字经济为企业提供了更广阔的资源共享和循环利用的机会。通过共享经济模式和数字化平台，不同产业的企业可以更方便地共享和再利用资源，减少了资源的浪费。同时，数字经济促进了废弃物的回收再利用，加速了循环经济的发展。再次，数字经济技术的应用可以帮助企业优化能源使用和生产过程，实现节能减排。例如，通过智能监控和自动化控制技术，企业可以更准确地掌握能源使用情况和生产效率，减少能源的浪费和废弃物的排放。同时，数字经济推动了清洁能源技术的发展和应用，提供了替代传统能源的可持续解决方案。最后，数字经济为企业提供了更多的创新和升级机会，可以推动绿色产品和服务的开发。通过数字化技术和互联网平台，企业可以更好地与消费者进行互动和沟通，了解消费者的需求和偏好，开发出更环保的产品和服务。同时，数字经济提供了新的商业模式和市场机会，促进了绿色产业的发展。总之，数字经济通过提供精细化的数据分析、推动循环经济发展、促进节能减排和清洁生产以及支持绿色产品和服务的开发等方面的机制和手段，能够有效推动工业发展绿色转型。

总之，数字经济通过影响城市化水平，推动了工业绿色转型的机制主要包括促进产业升级、资源优化配置、协同创新和服务升级等方面。这些机制通过数字化技术的应用，提高了工业生产和管理的智能化水平，优化了资源的配置和利用，促进了产业间的融合创新，为工业发展提供了绿色转型的支持和服务。

4.3　本章小结

　　本章从影响促进工业发展绿色转型的直接因素和间接因素着手，从不同角度研究数字经济发展影响工业发展绿色转型的作用机制。首先从直接作用机制阐述发展数字经济对工业发展绿色转型的积极效果，认为数字经济主要通过提升资源利用效率、环境监测治理、产品生命周期管理和绿色供应链管理等方面的作用，可以有效促进工业发展的绿色转型。这些机制的实施将有助于减少资源的浪费，降低对环境的负面影响，使我国工业达到可持续发展的目标。其次再从人力资本、创新产出及城市化水平等中介变量来说明具体的作用机制，给出数字经济影响工业发展绿色转型的路径。

5 我国数字经济水平与工业发展绿色转型效率测度及分析

本章以数字经济和工业发展绿色转型为研究对象,基于其内涵和发展的现状,构建符合数字经济及工业发展绿色转型评价指标体系,测算数字经济和工业发展绿色转型水平,并分析测算结果。

5.1　数字经济水平的测度方法及指标体系

5.1.1　熵权法

熵权法是一种基于信息熵理论的权重确定方法。信息熵可以衡量一个系统的不确定性,当某项指标的信息熵较大时,说明该指标提供的信息量较小,因此其权重应该较小;反之亦然。

熵权法因其客观性和计算简便性,在需要确定权重的各种评价和决策问题中有着广泛的应用,其主要应用领域包括水资源与水环境评价、资源分配、各种优化问题、决策支持问题、企业绩效考核、产品质量评估、多属性决策问题、制造企业转型和技术能力评价、环境和社会发展水平评价等。

熵权法的优点在于它能客观地确定指标权重,减少了主观因素的影响,使得评价结果更加可靠。然而,熵权法也有其局限性,例如它假设指标之间是相互独立的,这在某些情况下可能不成立。此外,熵权法计算出的权重可能需要进一步调整才能更好地符合实际情况。

5.1.2　数字经济水平指标体系

5.1.2.1　数据来源

数字经济指标数据来源《中国统计年鉴》《中国城市统计年鉴》《中国工业统计年鉴》、各省区市统计年鉴,2011—2020年的全国30个省区市(港、澳、台及西藏地区由于数据缺失,本书不做考虑)的统计数据,对于部分缺失值使用插值的方法进行填补。

5.1.2.2 指标构建原则

第一，科学性原则。指标体系的科学性是保障评价结果准确性的重要基础。指标构建过程中应该依据科学的方法和理论，以确保指标的科学性和可靠性。科学性原则包括以下几个方面：一是指标应明确，以确保其概念的准确性和适用性。指标应基于已有的理论或研究成果，以确保指标的可靠性和有效性。二是指标应具有可验证性，即可以通过科学的方法和技术进行验证和检验。三是指标应具备科学的可解释性，即可以通过理论解释其产生的原因和影响。构建工业发展绿色转型的指标体系时，应参考可持续发展、绿色转型等相关学术界的重要理论和研究结论，以确保所选指标的科学性。

第二，典型性原则。指标构建过程中应该充分考虑典型性，即指标应该能够代表或反映所研究对象的典型特征或表现。典型性原则包括以下几个方面：一是指标应该能全面反映所研究对象的各个方面和特征，以确保评估结果的全面性和客观性。二是指标应该具备代表性，即能代表典型的样本或群体，并具有一般性。在构建工业发展绿色转型水平评价指标体系时，指标并不是选的越多越好，而应选最具代表性和典型性的指标，以最少的指标较全面地反映工业发展绿色转型状况。

第三，可获得性原则。指标构建过程中应该考虑研究的可行性和可操作性，指标应该能被收集、测量和分析。可获得性原则包括以下几个方面：一是指标应该具有可靠的数据来源，可以通过已有的数据渠道或数据收集方法来获取。二是指标应该具有可操作的操作定义和测量方法，可以通过已有的测量工具或方法来测量。指标应该可以被快速、准确和经济地收集和分析，以确保指标的可操作性和实用性。数据可获得性是构建工业发展绿色转型发展评价指标体系的前提条件。

5.1.2.3 指标选取

当前关于数字经济指标体系的构建主要集中于省级及以上层面，本书基于互联网发展和数字金融两个维度构建数字经济发展评价指标体系，指标体系具体见表5-1。运用熵权法测算数字经济发展水平，记为dige。

选择互联网普及率作为数字经济发展评价指标有以下几个原因：第一，互联网普及率是衡量一个国家或地区数字经济发展程度的重要指标。互联网普及率反映了人民群众对互联网的接触和使用程度，是反映数字化程度的重要指标之一，通过每百人互联网用户数来衡量，数值越高表示互联网的普及程度越高。第二，互联网普及率与数字经济密切相关。数字经济是以信息和通信技术为核心，通过互联网等数字化技术实现的经济活动。互联网普及率高意味着更多的人能接触和使用互联网，推动数字经济快速发展。第三，互联网普及率与经济增长密切相关。互联网可以促进创新、提高生产力和生产效率，进而推动经济增长。互联网普及率的提高，可以带动数字经济的发展，从而促进国家经济的增长。第四，互联网普及率是数字经济包容性的重要体现。互联网的普及能够将数字经济带给更多的人群，提供发展机会和平等竞争的环境，缩小"数字鸿沟"，促进社会经济的包容性和可持续发展。第五，互联网普及率是评估数字化转型进程的重要参考。数字化转型是各国迈向经济高质量发展的重要路径之一。互联网普及率的高低可以反映一个国家或地区数字化转型的进程和成就，是评估数字经济发展的重要参考指标之一。

选择互联网相关从业人员数作为数字经济发展评价指标有以下几个原因：首先，计算机服务和软件从业人员是数字经济发展中不可或缺的核心人才，他们具备数字技术、信息技术、软件开发等相关专业的知识和技能。评价计算机服务和软件从业人员的数量和质量可以反映一个地区数字经济所拥有的人才储备情况。其次，计算机服务和软件从业人员拥有丰富的数字技术和软件开发经验，能够推动数字经济的创新发展。他们可以利用技术手段推动数字产业的创新，进一步提高数字经济的发展水平。再次，计算机服务和软件从业人员在数字经济中扮演着重要的角色，他们的数量和质量也直接影响到相关行业的就业岗位数量和质量。通过评价计算机服务和软件从业人员的情况，可以了解到一个地区数字经济的就业情况和就业结构。最后，计算机服务和软件行业在数字经济中扮演着重要的角色，对经济的贡献往往比较显著。评价计算机服务和软件从业人员的数量和质量可以了解到这个行业对数字经济的经济贡献情况，进而反映数字经济的发展水平。

选择互联网相关产出作为数字经济发展评价指标的原因有以下几点：首先，互联网产业具有高速增长和高效率的特点。互联网技术的快速发展和普及使互联网相关产业在短时间内取得了很大的成就，成为全球经济增长的重要引擎。互联网企业的创新和发展速度远远超过传统产业，能够快速推动数字经济的发展。其次，互联网产业具有广泛的渗透性和辐射性。互联网的普及使信息与资源的传播变得更加便捷和广泛，可以涉及传统产业的方方面面，如电商、在线教育、金融科技等，这些产业链的形成和发展对数字经济的繁荣做出了重要贡献。再次，互联网产业具有强大的创新能力。互联网技术的特点使互联网企业更加注重创新和技术研发，不断推出新的产品和服务，通过优化与改进现有的产业链，创造了巨大的经济效益。同时，互联网的快速迭代和更新也带来了持续的创新机遇，为数字经济的发展提供了不竭的动力。最后，互联网产业具有较强的国际竞争力。互联网产业的发展不受地域限制，具有强大的国际竞争力。通过互联网技术，企业和个人可以突破地理界限，实现全球市场的拓展和跨国业务的开展。因此，互联网相关产出能够准确反映一个国家或地区在数字经济领域的国际竞争力和影响力。

选择人均电信业务总量作为数字经济发展评价指标的原因有以下几点：首先，人均电信业务总量可以反映数字经济的覆盖范围和普及程度。数字经济的核心是信息和通信技术的广泛应用，而电信业务是信息和通信技术的重要载体和基础设施。人均电信业务总量的增加意味着更多的人可以接入和使用数字技术和网络，从而促进信息和知识的传播，推动数字经济的蓬勃发展。其次，人均电信业务总量可以反映数字经济的发展水平和技术水平。随着数字技术的不断进步和应用，人们对电信业务的需求也在增加。一个国家或地区人均电信业务总量的增加，意味着该国家或地区在数字技术和信息通信基础设施方面取得了较大的进展，技术水平较高，数字经济发展较好。再次，人均电信业务总量可以反映数字经济对经济增长的贡献。数字经济的快速发展对经济增长有着重要的推动作用。人均电信业务总量的增加意味着有更多的人参与数字经济活动，创造出更多的就业机会和经济效益，推动经济的发展和增长。最后，人均电信业务总量可以反映数字经济的社会效益。数字经济的发展可以带来社会效益的提升，如提高教育水平、促进政府治理效能、提升医疗卫生水平等。人均电信业务总量的增加意味着有更多的人可以享受到数字经济发展带来的便利和福利。

选择移动互联网用户数作为数字经济发展评价指标的原因有以下几点：首先，移动互联网用户数是数字经济发展的基础指标之一，反映了数字经济的普及程度和覆盖范围。移动互联网用户数的增长意味着越来越多的人能够通过移动设备接入互联网，享受数字经济带来的便利和机遇。其次，移动互联网用户数是数字经济发展的推动力量。用户的增加意味着市场规模的扩大，有利于吸引更多的企业和创业者投身数字经济领域，推动数字经济的创新和发展。再次，移动互联网用户数反映了人们对数字经济的认可和接受程度。移动互联网用户数的增长反映了人们对移动互联网应用的需求和信任程度，说明数字经济已经成为人们生活和工作中不可或缺的一部分。最后，移动互联网用户数可以用于比较不同国家或地区的数字经济发展水平。不同国家或地区的移动互联网用户数差异较大，通过对比可以了解到不同国家或地区数字经济发展的差异和潜力，为相关政策和决策提供参考。移动互联网用户数是通过每百人移动电话用户数来衡量移动互联网的普及。

以上这些指标与数字经济的发展密切相关。互联网的普及程度、互联网从业人员水平、互联网相关产出以及移动互联网的普及程度等都是评估一个地区数字经济发展水平的重要指标。这些数据可以提供有关不同地区数字经济发展情况的信息，对政府、企业制定发展策略和决策具有参考价值。

表 5-1　数字经济指标体系

目标层	准则层	指标层	单位	说明
数字经济发展指数	互联网普及率	每百人互联网用户数	人/百人	互联网宽带接入用户/[年末常住人口×100]
	互联网相关从业人员数	计算机服务和软件从业人员占比	%	信息传输、软件和信息技术服务业城镇单位就业人员/城镇单位就业人员
	互联网相关产出	人均电信业务总量	万元/人	电信业务总量/年末常住人口
	移动互联网用户数	每百人移动电话用户数	人/百人	移动电话年末用户/[年末常住人口×100]
	数字金融发展	中国数字普惠金融指数		

5.1.3　数字经济综合指数的测算

选择采用熵值法对我国各省域的数字经济水平进行综合评价，计算相应的权重，再计算得出最后的综合得分，确定一级、二级和三级指标，并明确它们的影响方向。接下来，对本书各级指标进行权重测算。使用熵权法计算数字经济各级指标的权重，具体步骤如下：

（1）原始数据归一化

$$正向指标：x_j = \frac{x - \min}{\max - \min} \tag{5-1}$$

$$负向指标：x_j = \frac{\min - x}{\max - \min} \tag{5-2}$$

（2）计算各指标比重

$$P_{jk} = \frac{x_{jk}}{\sum_{k=1}^{n} x_{jk}} \tag{5-3}$$

其中，P_{jk} 为第 k 个地区、第 j 项指标归一化后数据 x_{jk} 的特征比重；n 为省域，选取全国 30 个省域。

（3）计算各指标的信息熵 e_j

$$e_j = -\frac{1}{\ln(n)} \sum_{k=1}^{n} P_{jk} \ln(P_{jk}), \quad e_j \in [0,1] \tag{5-4}$$

（4）计算第 j 项指标的差异性系数 d_j 和权重 w_j

$$d_j = 1 - e_j \tag{5-5}$$

$$w_j = \frac{d_j}{\sum_{j=1}^{l} d_j} \tag{5-6}$$

（5）对各个年份的权重做时间衰减处理

$$w'_j = \sum_{t=1}^{13} w_{jt} \times e^{-0.2t} \tag{5-7}$$

（6）计算地区数字经济水平 F_k

$$F_k = \sum_{j=1}^{l} w'_j x_{jk} \tag{5-8}$$

其中，w'_j 表示第 j 个指标的时间衰减权重；w_{jt} 表示第 t 年第 j 个指标的原始权重。最后，通过求和归一化的方式对各个指标的时间衰减权重进行处理，得到最终的权重。数字经济水平的综合评价指标权重详见表4-2。

表5-2 数字经济水平指标权重

变量	权重/%
移动互联网用户数	8.404
互联网相关从业人员数	30.386
互联网普及率	10.656
互联网相关产出	41.384
数字普惠金融总指数	9.17

熵值法的权重计算结果显示：互联网相关产出的权重为41.384%，该指标在权重中占据最高比例，表示数字经济的产出对于综合评估的重要性。互联网相关从业人员数的权重为30.386%，意味着地区互联网行业的从业人员数量对整体评估有重要影响，互联网从业人员的数量代表了一个地区的数字产业实力和人才储备。互联网普及率的权重为10.656%，该指标衡量了互联网在一个地区的渗透程度，较高的互联网普及率意味着有更多的人可以接触和使用互联网，从而推动数字经济的发展。移动互联网用户数的权重为8.404%，移动互联网用户数的权重较低，但它仍然是评估数字经济发展的重要指标，移动互联网的普及程度对于促进在线交流、移动支付和移动应用的增长具有重要作用。数字普惠金融总指数的权重为9.17%，该

指标反映了数字经济中金融服务的普及程度和发展状况。这些权重反映了不同指标对于综合评估数字经济发展的相对重要性。根据这些权重，可以进行综合评估和排名，以确定数字经济发展水平较高的地区。

5.1.4　数字经济水平的时空发展趋势

5.1.4.1　时间上数字经济水平整体发展情况分析

根据数字经济发展水平的数据最终测算的结果，从2011年到2020年，我国数字经济的发展经历了显著的变化和增长，从时间维度上看，呈现出一系列积极的趋势和特征。从2011年到2020年，我国数字经济呈现出持续增长的趋势，尤其是在2018年之后，增长速度明显加快（如图5-1所示）。这一趋势的形成得益于互联网普及率的提高、移动支付和电子商务行业的蓬勃发展、人工智能技术的进步以及创新创业氛围的浓厚。这些因素共同推动了数字经济的飞速发展，对我国的经济结构和社会生活产生了深远的影响，为未来数字经济的持续发展奠定了坚实的基础。

首先，在这十年间，我国数字经济规模经历了持续的扩张，从而使其在国民经济中的比重逐渐增大。数字经济的蓬勃发展为我国经济的增长提供了强有力的支撑，成为推动经济发展的一大引擎。

其次，互联网普及率的提高是数字经济发展的重要表现之一。随着互联网技术的不断普及和应用，我国互联网的普及率在这十年中呈现出稳步增长的趋势。这就意味着有越来越多的人可以通过互联网获取信息、参与交流、进行消费，推动了数字经济的不断扩张。

再次，移动支付和电子商务行业的蓬勃发展也是数字经济增长的重要动力之一。随着移动支付技术的逐步成熟和用户习惯的形成，移动支付已经成为我国日常生活中不可或缺的支付手段。同时，电子商务行业的迅猛发展也为消费者提供了更为便捷的购物体验，促进了线上线下消费模式的融合和发展。此外，人工智能技术的进步也为数字经济的发展提供了强大的动力。在这十年中，我国在人工智能领域取得了显著的成就，涵盖了诸多行业，如医疗、金融、教育等。人工智能技术的广泛应用不仅提升了产业效率，也为新的商业模式和创新提供了契机。

最后，创新创业氛围的浓厚也是数字经济快速发展的重要因素之一。在这十年中，我国政府对于创新创业的支持力度不断增加，创业者和创新团队获得了更为丰富的资源和政策支持，为数字经济的创新发展提供了良好的环境和条件。

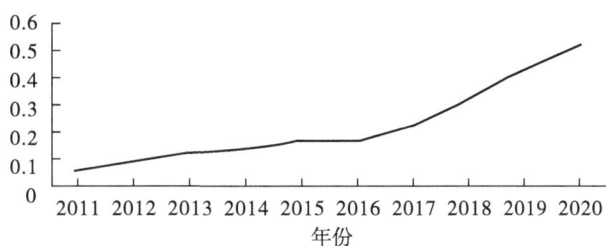

图 5-1　数字经济发展水平

5.1.4.2　空间上数字经济水平整体发展情况分析

根据2011—2020年数字经济发展水平的最终测算结果，通过空间维度对近年数字经济的发展情况进行分析，得出表5-3中的分析结果。

表 5-3　2011—2020年我国各省域数字经济发展水平

省域	年份											排名
	2011	2012	2013	2014	2015	2016	2017	2018	2019	2020	均值	
北京	0.33	0.36	0.41	0.44	0.49	0.45	0.52	0.69	0.83	0.96	0.55	1
天津	0.08	0.11	0.12	0.13	0.17	0.17	0.23	0.37	0.48	0.58	0.24	7
河北	0.05	0.07	0.10	0.11	0.13	0.14	0.19	0.27	0.37	0.43	0.19	20
山西	0.05	0.08	0.11	0.12	0.15	0.14	0.18	0.27	0.37	0.44	0.19	17
内蒙古	0.07	0.10	0.13	0.14	0.15	0.15	0.20	0.32	0.43	0.50	0.22	13
辽宁	0.09	0.11	0.14	0.16	0.19	0.18	0.23	0.31	0.39	0.45	0.23	10
吉林	0.08	0.09	0.12	0.14	0.16	0.16	0.21	0.30	0.38	0.43	0.21	15
黑龙江	0.04	0.07	0.10	0.12	0.14	0.14	0.20	0.26	0.34	0.39	0.18	23
上海	0.15	0.18	0.26	0.28	0.31	0.30	0.36	0.49	0.61	0.72	0.37	2
江苏	0.08	0.11	0.16	0.16	0.22	0.21	0.27	0.39	0.51	0.57	0.27	5
浙江	0.12	0.15	0.18	0.20	0.26	0.25	0.32	0.44	0.57	0.65	0.31	3
安徽	0.02	0.04	0.07	0.09	0.12	0.12	0.17	0.26	0.36	0.43	0.17	27
福建	0.09	0.12	0.16	0.17	0.21	0.19	0.25	0.36	0.45	0.51	0.25	6
江西	0.01	0.04	0.07	0.09	0.12	0.12	0.16	0.26	0.34	0.40	0.16	30
山东	0.05	0.07	0.11	0.12	0.15	0.16	0.19	0.27	0.35	0.40	0.19	19
河南	0.01	0.04	0.07	0.08	0.11	0.12	0.16	0.26	0.34	0.42	0.16	29
湖北	0.04	0.07	0.10	0.12	0.14	0.14	0.18	0.27	0.37	0.42	0.18	22
湖南	0.03	0.05	0.08	0.09	0.11	0.11	0.15	0.24	0.34	0.42	0.16	28
广东	0.12	0.14	0.19	0.20	0.23	0.22	0.28	0.41	0.52	0.59	0.29	4
广西	0.03	0.06	0.08	0.09	0.11	0.11	0.15	0.26	0.36	0.46	0.17	26

省域	年份											排名
	2011	2012	2013	2014	2015	2016	2017	2018	2019	2020	均值	
海南	0.06	0.08	0.11	0.13	0.16	0.16	0.23	0.35	0.46	0.54	0.23	9
重庆	0.05	0.07	0.10	0.12	0.15	0.15	0.21	0.32	0.43	0.50	0.21	14
四川	0.03	0.05	0.10	0.12	0.16	0.17	0.21	0.31	0.39	0.49	0.20	16
贵州	0.02	0.03	0.06	0.08	0.10	0.10	0.16	0.29	0.43	0.53	0.18	24
云南	0.02	0.05	0.08	0.09	0.12	0.12	0.18	0.28	0.40	0.51	0.18	21
陕西	0.08	0.10	0.12	0.14	0.17	0.18	0.23	0.36	0.46	0.53	0.24	8
甘肃	0.01	0.04	0.07	0.08	0.11	0.11	0.18	0.29	0.41	0.48	0.18	25
青海	0.05	0.08	0.10	0.11	0.14	0.13	0.21	0.36	0.47	0.57	0.22	11
宁夏	0.04	0.07	0.09	0.11	0.14	0.14	0.22	0.36	0.48	0.56	0.22	12
新疆	0.04	0.07	0.10	0.11	0.13	0.12	0.15	0.24	0.38	0.52	0.19	18

由表 5-3 可知，2011—2020 年，在全国各省域的平均指标排名中，排名前 5 的省域为北京、上海、浙江、广东和江苏，这些省域在数字经济发展方面取得了显著的成就。北京以 0.55 的数字经济发展综合指数平均水平位居榜首，其强大的科技实力和创新环境为数字经济的蓬勃发展提供了有力的支持。上海紧随其后，以 0.37 的综合指数平均水平位列第二，这得益于其作为全球金融和商业中心的地位，以及积极引进高科技企业和推动数字化转型的努力。浙江、广东和江苏分别以 0.31、0.29 和 0.27 的综合指数平均水平位列第三、第四和第五。浙江以杭州为核心，发展出了一批知名的互联网和电子商务企业，成为数字产业集聚的重要区域。广东以深圳为代表，积极推动科技创新和创业发展，打造了全球领先的高科技产业基地。江苏以苏州、南京等城市为龙头，推进信息技术和新兴产业的发展。此外，山东、天津和福建等省域也在数字经济发展方面取得了快速进展。山东凭借其经济实力和优越的地理位置，大力发展数字技术和电子商务，推动数字经济的蓬勃发展。天津作为北方重要的经济中心，积极推动数字化转型，加快数字经济的发展步伐。福建则以厦门和福州为首，发展数字技术、互联网服务和数字创新产业，不断提升数字经济的竞争力。也有一些省域在数字经济发展方面进展较慢，如贵州、甘肃、青海和宁夏等地仍面临一些挑战和机遇，这些省域在数字化转型方面需要加大数字基础设施建设和创新能力提升的力度，以更好地适应数字经济时代的发展需求。

综上所述，各省域在数字经济发展方面展现出不同的特点，全国各省区市都在积极探索和推动数字经济发展，通过加强创新能力和数字化转型，推动经济结构升级和可持续发展。未来，数字经济将继续成为推动我国经济转型升级的重要引擎之一。

5.2 工业发展绿色转型的测度方法和指标体系构建

5.2.1 Super-SBM 模型

数据包络分析法（DEA）在运筹学、管理学、数字经济等多个学科领域得到了广泛应用。其基本原理是运用数学规划方法来确定相对有效的生产前沿面。在确保各决策单位的输入和输出保持不变的情况下，DEA将各决策单位（DMU）投射到生产前沿上，然后根据DMU与生产前沿的距离来判断其相对有效性。DEA决策法的最大优势在于不需要考虑输入和输出之间的关系，也不需要事先估算和赋权值。因此，它能够有效克服人为的主观因素。该方法适用于根据多指标投入和产出的对象，对指标量纲要求比较低，模型计算权重较客观，一般要求决策单元的数量为投入产出数量的两倍以上。

然而，在实际应用中，往往会存在一些非期望产出，这些产出是我们不希望出现的，但在生产过程中却难以避免。数据包络分析时，主要研究投入产出效率情况，并假定投入和产出之间是单调线性关系，这是一种使用线性规划技术来确定DMU相对效率的方法。但有时候投入后会多出"非期望产出"，比如，资金投入、教育投入、经济发展可能带来风险和环境污染等非期望产出项。在存在非期望产出情况时，DEA模型便不再满足单调线性关系要求。此时则需要使用非期望SBM模型，该模型由Tone提出。

非期望SBM模型（Undesirable Slacks-Based Measurement）是数据包络分析衍生模型的一种。它与传统的DEA模型相比，在效率评价中考虑了生产过程中的非期望产出因素，因此更能反映效率评价的本质。非期望产出SBM模型在DEA的基础上进行了一些改进。它不仅避免了径向和角度度量引起的偏差，更为关键的是考虑了生产过程中的非期望产出因素的影响，从而使效率评价更加全面和准确。此外，当效率值计算为1时，传统的DEA模型无法进行有效的比较和排序，这时可以使用超效率SBM模型进行分析。超效率SBM模型可以帮助我们找到在同一水平上的最优DMU，并对其他DMU进行相对效率的比较。基于上述考虑，本书选择了超效率SBM模型来对工业发展绿色转型进行分析。这一选择可以更准确地评估工业部门在资源利用和环境保护方面的效率，同时考虑到了可能存在的非期望产出因素。通过超效率SBM模型的运用，我们能够更全面地了解各个决策单元在工业发展绿色转型方面的表现，并为进一步改进和优化提供科学依据。

其公式为：

$$\min \rho = \frac{1 + \dfrac{1}{m}\displaystyle\sum_{i=1}^{m} s_i{}^-/x_{ik}}{1 - \dfrac{1}{q_1+q_2}\left(\displaystyle\sum_{r=1}^{q_1} s_t{}^{b^+}/y_{rk} + \displaystyle\sum_{r=1}^{q_2} s_t{}^{b^-}+/b_{rk}\right)}$$

$$s.t.\begin{cases} \displaystyle\sum_{i=1,j\neq k}^{n} x_{ij}\lambda_j - s_i^- \leqslant x_{ik} \\[2mm] \displaystyle\sum_{i=1,j\neq k}^{n} y_{ij}\lambda_j - s_i^+ \geqslant y_{ik} \\[2mm] \displaystyle\sum_{i=1,j\neq k}^{n} b_{rj}\lambda_j - s_i^- \leqslant b_{ik} \\[2mm] \dfrac{1 + \dfrac{1}{m}\displaystyle\sum_{i=1}^{m} s_i{}^-/x_{ik}}{1 - \dfrac{1}{q_1+q_2}\left(\displaystyle\sum_{r=1}^{q_1} s_t{}^{b^+}/y_{rk} + \displaystyle\sum_{r=1}^{q_2} s_t{}^{b^-}+/b_{rk}\right)} > 0 \\[4mm] \lambda \geqslant 0, \ s^- \geqslant 0, \ s^+ \geqslant 0 \\[1mm] i = 1, 2\cdots, m; \ r = 1, 2\cdots, q; \ j = 1, 2\cdots, n, \ (j \neq k) \end{cases}$$

（5-9）

式中：$j = 1, 2, \cdots, n$ 分别表示决策单元 DMU；θ 代表着各省绿色转型的效率值；m 代表投入要素（种类）的数量，x_{ij} 表示第 j 个 DMU 的第 i 项投入要素，i 取值为 1 到 m。q_1 表示期望产出的种类数量，y_{rj} 表示第 j 个 DMU 的第 r 项期望产出，r 可以取值为 1 到 q_1。q_2 表示非期望产出的种类数量，b_{rj} 表示第 j 个 DMU 的第 r 项非期望产出，r 可以取值为 1 到 q_2。λ 表示各 DMU 截面观察值的权重，用于计算综合效率。下标 k 用于表示被测算的特定 DMU。s_i^-、s_r^+、s_{rb}^- 分别表示投入冗余、期望产出不足和非期望产出冗余。λ_j 表示各决策单元系数，s^- 是投入 x_i 的松弛变量，s^+ 是产出的松弛变量，s_{rb}^- 是非期望产出 b_{rj} 的松弛变量，ρ 为绿色技术创新效率。

若 $\theta=1$ 且 $s^-=s^+=0$ 时，该决策单元为 DEA 有效；若 $\theta<1$，则该决策单元非 DEA 有效。

5.2.2 工业发展绿色转型的指标体系

5.2.2.1 数据来源

工业发展绿色转型效率的各指标数据来自《中国统计年鉴》以及各省区市的年度统计公报，对于缺失值的处理采用插值法。

5.2.2.2 指标选取

工业发展绿色转型效率的测算是研究工业部门在实现绿色转型过程中资源利用和环境保护效果的重要手段。为了全面评估工业发展绿色转型效率，需要设计一个完善的综合指标体系进行测算和说明。根据文献综合归纳总结，目前的研究通常采用多种方法来测算工业发展绿色转型效率，包括绿色全要素生产率、综合指数法、绿色经济指标体系等。这些方法在一定程度上反映了工业部门在资源利用和环境保护方面的绩效。在本书的研究中，我们参考了已有文献的经验，选择了工业发展绿色转型效率作为测度的综合指标体系。这一指标体系主要考虑了资源利用和环境对工业经济发展的影响，将劳动、资本、资源等作为投入指标，以工业增加值及污染物排放等作为产出指标。

具体来说，投入指标中包括了劳动、资本和资源三个方面。劳动投入反映了工业部门的人力资源利用情况，资本投入则代表了企业在生产过程中对资本的利用程度，而资源投入则是对各类资源（如能源、原材料等）的利用情况进行了考量。产出指标主要包括工业增加值和污染物排放两个方面。工业增加值是衡量工业部门经济产出的重要指标，它反映了工业生产对经济增长的贡献程度。同时，污染物排放作为一个负面影响因素，也是必须考虑的一部分，它反映了工业生产对环境的影响程度。为了综合评估工业发展绿色转型效率，我们选用了全局Super–SBM模型进行测算。

通过上述综合指标体系的设计和Super–SBM模型的运用，我们能够对工业部门的绿色转型效率进行全面、准确的测算和评估，为推动工业部门向绿色、可持续方向发展提供了科学依据和有力支持，这也将为实现可持续发展目标作出积极的贡献。

选取煤能源消费量作为衡量工业发展绿色转型投入指标的原因有以下几点：首先，煤炭是我国最主要的能源之一，工业部门对煤炭能源的消费量占比很高，因此降低煤炭消费量是推动工业发展绿色转型的重要措施之一。其次，煤炭燃烧是二氧化碳等温室气体的主要排放来源之一，与全球气候变化和环境污染问题密切相关。因此通过降低煤炭消费量，不仅可以促进中国工业发展的绿色转型，还可以减少二氧化碳等温室气体的排放，对于全球环境质量的改善也具有重要的意义。最后，煤炭的开采和使用过程中还会产生很多其他的环境问题，如大气污染、水资源浪费、土地利用等。从这个角度来看，减少煤炭消费量能够有效推动工业发展绿色转型，保护环境和资源，实现可持续发展。

选取规模以上工业企业固定资产合计作为衡量工业发展绿色转型投入指标的原因有以下几点：首先，规模以上工业企业固定资产合计是衡量工业企业投入经营的一个重要指标。固定资产是企业用于生产经营活动中具有长期使用价值并不易转化为货币的所有物，固定资产的投资主要涵盖了工业生产、设备运维、科技创新以及员工培训等方面，这些都是推动工业发展绿色转型的重要投入内容。其次，固定资产的统计范围中包括工业企业中的污染防治设备、环保设施、低碳环保技术设备等，这些设施和技术的投入都是推动工业发展绿色转型、减少环境污染、降低能耗的重要手段。最后，规模以上工业企业固定资产合计反映了企业的资本实力和发展态势，这是衡量企业经营效益的一个重要指标，如果企业在发展绿色转型方面的投入更多，其固定资产的增长势头也会更强劲。

选取规模以上工业企业用电量作为衡量工业发展绿色转型投入指标的原因有以下几点：首先，工业用电量是工业生产的重要能源消耗指标，反映了工业生产的规模和能耗水平。随着全球环保意识的提高和能源消耗成本的上升，降低规模以上工业用电量是推动工业发展绿色转型的重要措施之一。其次，通过对工业用电量的分析可以看出，工业企业在生产过程中的能耗结构和能源消耗规模情况，为有关部门和企业提供科学的能源消耗分析和能源调控方案，以提高资源利用效率和环保水平。最后，在工业用电量的统计范围中包括一系列工业节能和环保技术设备的投资，如高效节能设备、环保设施等，这些设施和技术的投资是推动工业发展绿色转型、减少环境污染、降低能耗的重要手段，工业用电量的降低也会随之实现。

选取规模以上工业企业用水量作为衡量工业发展绿色转型投入指标的原因有以下几点：首先，规模以上工业用水量是反映工业生产过程中用水量的指标。随着我国工业经济的快速发展，工业用水量也相应地增加，而我国水资源的过度使用造成了一系列的问题，如水资源的过度开采、水污染和水体破坏等问题，必须采取措施进行解决。通过监测和减少规模以上工业用水量，可以鼓励企业实施绿色节能生产，减少水资源消耗、降低环境影响。其次，规模以上工业用水量也涉及水资源的环保问题，大量水供应涉及水资源与水环境保护问题。工业企业的污水排放和直接的用水行为会影响水资源的长期利用情况，同时也是推动企业实施绿色转型的一个方面。最后，规模以上工业用水量的统计范围中包括一系列工业节水和环保科技设备的投资，如净水设备、环保设施等，这些设施和技术的投资是推动工业发展绿色转型、减少环境污染和水资源使用的重要方法之一。控制规模以上工业用水量也可以推动企业实施绿色转型、减少对水资源的消耗。

选取规模以上工业企业从业平均人数作为衡量工业发展绿色转型投入指标的原因有以下几点：首先，规模以上工业企业从业人数的变化是反映企业规模扩大或缩小的重要指标之一。如果一个企业在进行绿色转型的过程中增加了投资，在旧生产线上安装环保设备，或新建了绿色生产线，就会有更多的从业人员受益，也会在新的领域或环保技术领域带来更多的就业机会。其次，规模以上工业企业从业平均人数还可以反映出企业的关注程度，企业为了加速工业发展绿色转型，可能需要更多的员工来经营管理和进行技术研发。规模以上工业企业从业平均人数的增加也可能意味着企业更加明确了绿色转型的目标方向，并在加强团队建设和人才引进方面付出努力。最后，管理规模以上工业企业的工业部门可以通过规模以上工业企业从业人数统计来检测和监测工业企业绿色转型中的用人情况，推进工业企业按照相关环保标准进行技术改造和开发，以及促进工业企业出勤率和经营状态的稳定。

选取工业增加值作为衡量工业发展绿色转型的期望产出指标的原因有以下几点：首先，工业增加值可以反映工业企业的经济效益和发展水平。随着我国工业化进程的不断推进，工业经济是我国经济增长的重要支柱之一。如果工业企业实施绿色转型取得一定的经济效益，其工业增加值也会增加。其次，工业增加值的计算方法包括实体经济与虚拟经济的部分，反映了工业领域中更为广泛的经济贡献。实施绿色转型对企业涉及的技术、流程、各类资源的调整和优化，对于企业经营稳定和发展有重要的促进作用。最后，工业增加值的提高也反映了企业和国家在经济增长和环境保护之间的平衡取舍。采用更为环保的技术，减少资源消耗和环境污染，更好地支撑经济增长。因此，通过工业增加值作为衡量工业发展绿色转型的期望产出指标，可以更好地体现经济效益与环境保护的双赢。

选取一般工业固体废物产生量作为衡量工业发展绿色转型的非期望产出指标有以下几个原因：首先，一般工业固体废物的产生是工业生产过程中的产物，其数量和质量反映了工业生产过程中所存在的环境污染问题。通过监测和减少一般工业固体废物的产生量，可以降低工业生产对环境的影响。其次，通过控制一般工业固体废物的产生量与减少污染物的排放，可以促进企业推动绿色转型，逐步实现节能减排，降低资源消耗和提高生产效率，从而实现可持续发展目标。最后，控制一般工业固体废物的产生量也是国家加强环境保护力度，推行绿色发展的一项重要措施。通过加强监管，促进企业推行清洁生产、节能减排、环境保护等措施，推进污染物的减排和治理，实现经济和环境的双重效益。

选取工业废水中氨氮排放总量作为衡量工业发展绿色转型的非期望产出指标有以下原因：首先，氨氮是工业废水中的一种主要污染物。它可能对水环境和生态环境造成严重的影响。通过控制工业废水中氨氮排放总量，可以有效减少环境污染和对水体生态的影响。其次，氨氮排放总量也反映了相应规模工业企业对于环保意识的重视。如果工业企业在绿色转型过程中能够更加注重生产过程中的环保及节能，减少氨氮等污染物的排放，那么相应的氨氮排放总量也会下降，进而实现企业的生态、环保与经济效益共赢。最后，国家推进环保和绿色转型的政策和法律逐渐加强，控制废水中氨氮排放总量也符合国家的政策倡导和环保法规。合理使用各种资源、实行环保材料和绿色技术，通过控制氨氮排放来实现工业的可持续发展也是国家和企业重视的任务之一。

选取工业中二氧化硫排放总量作为衡量工业发展绿色转型的非期望产出指标有以下原因：首先，工业中二氧化硫是重要的污染物之一，它的大量排放不仅会影响空气质量，还会对人们的身体健康造成危害。控制工业中二氧化硫排放总量，有助于改善环境质量，保护公众健康。其次，控制工业中二氧化硫排放总量也可以促进企业的绿色转型，企业在推动绿色转型的过程中，可以采用各种环保技术和措施，通过降低二氧化硫和其他污染物的排放量来提高产业效率和可持续性。最后，国家对于大气污染和环境保护的政策越来越重视，控制工业中二氧化硫排放总量符合国家的环保倡导和政策导向。因此，通过控制工业中二氧化硫排放总量，既可以推进企业的绿色转型，也可以满足国家的环保政策要求。

投入指标：煤能源消费量、规模以上工业企业固定资产合计、规模以上工业企业用电量、规模以上工业企业用水量、规模以上工业企业从业平均人数。

产出指标：期望产出以工业增加值（工业企业总产值）衡量；非期望产出从工业发展对空气、水等自然环境的负面影响考虑，选取一般工业固体废物产生量、工业废水中氨氮排放总量、工业中二氧化硫排放总量（见表5-4）。

表5-4　工业发展绿色转型指标体系

指标类型	指标	单位
投入指标	煤能源消费量	万吨
	规模以上工业企业固定资产合计	万元
	规模以上工业企业用电量	万千瓦
	规模以上工业企业用水量	万吨
	规模以上工业企业从业平均人数	万人
期望产出指标	工业增加值（工业企业总产值）	亿元
非期望产出指标	一般工业固体废物产生量	万吨
	工业废水中氨氮排放总量	吨
	工业中二氧化硫排放总量	吨

5.2.3　工业发展绿色转型的整体发展情况分析

使用超效率SBM模型对全国30个省区市每年的工业发展绿色转型效率进行测度，利用dea solver 13.0计算得到2011—2020年各省区市的历年工业发展绿色转型效率及其均值排名情况。根据空间地区分布，将全国分为东、中、西、东北四个区域，进行深入分析，相关结果见表5-5。

表5-5　2011—2020年工业发展绿色转型效率

省域	年份											排名
	2011	2012	2013	2014	2015	2016	2017	2018	2019	2020	均值	
全国	26.55	25.09	21.61	16.80	18.38	27.80	15.82	12.98	20.34	21.49	20.69	—
东部地区	11.25	9.53	8.90	8.53	9.69	14.64	8.07	7.09	12.11	11.19	10.10	—
浙江	1.11	0.82	0.85	0.80	0.76	0.83	0.69	0.85	0.90	1.10	0.87	8
天津	2.03	1.22	1.04	1.05	0.93	0.93	0.42	0.60	0.84	0.94	1.00	4
上海	0.85	1.09	0.94	1.02	0.80	0.90	0.85	0.93	0.95	0.83	0.92	7
山东	1.11	1.04	1.12	1.01	1.03	1.18	1.01	0.68	0.74	1.58	1.05	3
河北	0.75	0.86	0.73	0.48	0.66	0.72	0.39	0.30	0.43	0.63	0.59	18
海南	0.53	0.44	0.48	0.44	2.00	0.49	0.79	0.22	3.55	0.77	0.97	6
广东	2.45	1.08	0.97	1.00	0.96	6.56	1.22	1.02	1.11	1.14	1.75	1
江苏	0.87	1.26	1.03	0.91	0.97	1.04	0.95	0.79	0.80	1.25	0.99	5
北京	0.87	0.65	0.96	1.12	0.76	1.12	1.04	0.94	2.02	1.94	1.14	2
福建	0.68	1.07	0.79	0.71	0.82	0.89	0.72	0.76	0.76	1.01	0.82	9
中部地区	4.87	3.81	3.94	2.92	2.75	4.49	2.67	2.10	3.68	4.30	3.55	—
山西	0.46	0.24	0.41	0.26	0.14	0.36	0.13	0.04	0.19	0.36	0.26	30

省域	年份											排名
	2011	2012	2013	2014	2015	2016	2017	2018	2019	2020	均值	
河南	0.71	0.45	0.66	0.51	0.36	0.78	0.39	0.35	0.65	0.72	0.56	20
安徽	0.78	0.79	0.74	0.49	0.51	0.83	0.44	0.33	0.63	0.65	0.62	16
江西	0.88	0.82	0.76	0.52	0.40	0.82	0.36	0.27	0.48	0.85	0.62	17
湖北	0.96	0.88	0.66	0.57	0.76	0.87	0.45	0.82	0.87	0.72	0.76	10
湖南	1.07	0.63	0.70	0.57	0.59	0.84	0.90	0.29	0.85	0.99	0.74	11
西部地区	8.14	10.02	6.30	3.86	4.65	6.78	4.00	2.89	3.63	5.16	5.54	—
重庆	0.69	2.19	0.66	0.56	0.33	0.82	0.58	0.07	0.47	0.68	0.71	12
云南	0.50	0.46	0.88	0.28	0.09	0.45	0.17	0.32	0.33	0.51	0.40	27
新疆	0.68	0.41	0.28	0.27	0.69	0.37	0.28	0.05	0.08	0.10	0.32	29
四川	0.94	0.36	0.66	0.48	0.35	0.74	0.30	0.53	0.44	0.50	0.53	22
陕西	0.64	0.68	0.56	0.36	0.57	0.64	0.62	0.38	0.42	0.71	0.56	19
青海	0.85	0.33	0.30	0.27	0.26	0.39	0.44	0.40	0.37	0.65	0.43	26
宁夏	0.50	2.19	0.31	0.26	0.54	1.07	0.45	0.24	0.25	0.51	0.63	13
贵州	0.99	0.86	0.46	0.27	0.28	0.52	0.43	0.31	0.34	0.06	0.45	24
广西	0.81	1.00	0.79	0.44	0.70	0.78	0.34	0.13	0.49	0.73	0.62	15
甘肃	1.04	0.83	0.63	0.30	0.41	0.30	0.30	0.18	0.16	0.16	0.43	25
内蒙古	0.49	0.71	0.76	0.36	0.42	0.69	0.10	0.27	0.27	0.56	0.46	23
东北地区	2.30	1.74	2.46	1.49	1.29	1.89	1.08	0.89	0.92	0.85	1.49	—
黑龙江	0.78	0.29	0.63	0.32	0.22	0.53	0.06	0.15	0.14	0.20	0.33	28
吉林	0.84	0.54	0.90	0.61	0.72	0.87	0.69	0.45	0.51	0.13	0.63	14
辽宁	0.67	0.91	0.94	0.56	0.35	0.49	0.33	0.30	0.27	0.52	0.53	21

从表5-5可以看出，2011—2020年，全国各省域工业发展绿色转型效率的平均指标排名中，广东、北京、山东、天津和江苏分列前五，其对应的工业发展绿色转型效率综合指数平均水平分别为1.75、1.14、1.05、1.00和0.99。广东在这十年中的工业发展绿色转型平均增长率最高，达到1.75，表明该省域在推动绿色转型方面取得了显著成果。北京、山东、天津和江苏等省域也取得了较高的平均增长率。江苏、浙江和上海的工业发展绿色转型平均增长率较为稳定，都在0.87和0.92之间，这可能与其在工业经济中的领先地位和对环境保护的重视有关。前五名中东部占据五个省域。排名最后五位的省域分别为青海、云南、黑龙江、新疆与山西，其对应工业发展绿色转型效率综合指数平均水平分别为0.43、0.40、0.33、0.32和0.26，3

个处于西部地区，1个处于中部地区，1个处于东北地区。

就工业发展绿色转型效率综合指数的历年均值而言，东部地区的转型水平达到了1.01，中部地区为0.59，而西部地区和东北地区的均值仅为0.5，而全国的平均值为20.69。这表明东部地区的工业发展绿色转型效率高于全国平均水平，而西部地区和东北地区的绿色工业转型相对滞后，中部地区整体转型效率均值较为接近全国水平。为了更深入分析东、西、中、东北四大区域的转型情况，下文将对各区域的工业发展绿色转型效率水平进行具体分析。

为了更直观地展示各地区的工业发展绿色转型效率，我们将全国30个省域分为东、中、西、东北四大区域进行分析。通过对四大区域2011—2020年工业发展绿色转型效率综合指标的平均值计算，可以看出东部地区整体上在工业发展绿色转型方面的表现较好，这可能与其相对先进的经济发展和更严格的环境政策相关。西部地区的工业发展绿色转型相对滞后，平均增长率较低，这可能是由于该地区经济基础相对薄弱，绿色技术和环保产业发展相对较慢等因素造成的。然而仍有一些省域在推动绿色转型方面取得了进展，如重庆的平均增长率为0.71，相对其他西部地区较高。东部地区包括像广东、上海、浙江和江苏等经济发达省域，这些省域在经济发展方面享有显著优势，并且在绿色转型方面取得了重要进展。东部地区的工业发展绿色转型效率平均值为10.10，这意味着这些地区在通过改善环境效益、减少污染和提高能源利用效率方面取得了显著成果。在政府的引导下，东部地区的企业和制造业正在采取各种措施，如推动清洁能源的使用、改善生产工艺和技术创新，来减少环境影响并实现可持续发展。中部地区相对于东部地区在工业发展绿色转型方面还存在一定的差距，但仍在不断努力提高绿色发展水平。中部地区的平均工业发展绿色转型效率为3.55，这表明这些地区仍需加大投入和推动力度，以提高能源利用效率、减少污染排放和推动环境可持续发展。中部地区的政府和企业正在加强环境管理和监测能力，同时积极引进绿色技术和创新，以推动工业发展绿色转型。西部地区的平均工业发展绿色转型效率为5.54，这意味着这些地区已经采取了一些措施来减少资源消耗和环境污染，但仍有进一步提升的空间。西部地区的政府鼓励企业进行绿色产业的发展，并加大对清洁能源和节能减排技术的支持。同时西部地区也在积极推动经济结构的转型升级以实现可持续发展。东北地区作为中国的重要工业基地，平均工业发展绿色转型效率为1.49，这表明需要加快推动工业发展绿色转型，并加大环境治理和改善能源利用效率的力度。东北地区政府正在制定和实施一系列政策和措施，以支持企业进行绿色改造和创新，同时加大对清洁能源的开发和利用。东北地区是工业省份，生产需要更多资源和煤，但东北地区一直存在耗能高、产能少这个问题，所以急需转变工业发展的模式，促进绿色转型。山西也是过于依靠煤，从而导致煤炭的消费量较高，因此工业发展绿色转型效率较低。

5.3 本章小结

各地区在数字经济发展方面展现出不同的特点和进展速度。全国各省域都在积极探索和推动数字经济发展，通过加强创新能力和数字化转型，推动经济的结构升级和可持续发展。在工业发展绿色转型效率分析中，东部地区整体上在工业发展绿色转型方面的表现较好，这可能与其相对较先进的经济发展和更严格的环境政策相关。西部地区和东北地区的工业发展绿色转型相对滞后，平均增长率较低，这可能是由于该地区经济基础相对薄弱，绿色技术和环保产业发展相对较慢等因素造成的。中部地区转型效率整体均值较为接近于全国水平。

6　数字经济赋能工业发展绿色转型影响：计量检验

上一章节研究结果表明各省区市2011—2020年工业发展绿色转型效率存在差异性。本章探讨2011—2020年我国工业发展绿色转型效率的影响因素，构建计量模型进行实证分析。

6.1 理论分析与指标选取

6.1.1 理论分析

1.被解释变量

工业发展绿色转型效率：通过评估工业发展绿色转型的效率，可以深入了解工业部门在资源利用、环境保护和碳排放等方面所取得的进展，从而促进环境保护和实现可持续发展目标。

首先，工业发展绿色转型涵盖了环境保护和经济效益两个重要方面。通过评估其效率，我们可以全面了解工业部门在减少资源消耗、降低环境污染和碳排放方面的表现。这不仅有助于保护环境，也与企业的经济效益密切相关。一个高效的绿色转型过程可以提高企业的资源利用效率，降低能源成本，并减缓环境风险，从而保持企业的竞争优势和可持续发展。

其次，评估工业发展绿色转型效率可以为企业提供指导。通过对效率的评估，企业可以了解自身在绿色转型方面的表现，发现自身存在的问题和不足，及时调整经营策略，提高绿色转型的效率和成效。同时，这也为企业制定合适的发展战略、资源管理策略提供了依据，有助于企业在绿色转型的道路上走得更稳健。

再次，评估工业发展绿色转型效率对于推动整个工业部门的绿色转型进程具有积极作用。通过公开透明地评估工业部门的绿色转型效率，可以为政府部门和利益相关者提供参考依据，制定更加有针对性的政策和措施，促进工业企业朝着绿色、可持续的方向发展。

最后，高效的工业发展绿色转型也可以改善环境质量，为社会公众提供更好的生活环境。降低环境污染和碳排放，减轻对自然资源的过度开采，都将为保护生态环境、维护生态平衡作出积极的贡献。

综上所述，评估工业发展绿色转型效率是一项具有重要意义的研究工作。它不仅可以全面了解工业部门在环境保护和经济效益方面的表现，也为企业的可持续发展提供了指导。同时，评估结果也将对于推动工业绿色转型、改善环境质量和促进经济可持续发展产生积极的影响。因此，在研究中高度重视工业发展绿色转型效率的评估，将为实现可持续发展目标作出积极的贡献。

2. 核心解释变量

数字经济发展指数是反映一个国家或地区在数字技术和信息通信技术方面的成熟程度和应用水平的关键指标。通过对数字经济发展水平进行评估，我们能够全面了解该国家或地区在数字化领域的发展情况，为进一步研究数字经济对工业发展绿色转型的影响提供重要依据。

数字经济的发展与经济增长和创新密切相关。随着数字技术的不断进步和应用，已经成为推动经济增长的重要引擎之一。数字技术的广泛应用可以提高生产效率，创造新的商业模式，推动创新和创业，从而促进经济发展。因此，数字经济发展水平的高低直接影响着一个国家或地区的经济竞争力。此外，数字经济的发展水平也是评估一个国家或地区在全球经济竞争中的竞争力的重要指标。在当今全球化的背景下，数字经济已经成为国际竞争的重要战场。具备先进的数字技术和信息通信技术能力将使一个国家或地区在国际经济舞台上拥有更强的竞争优势，从而在全球经济中占据有利地位。

数字经济的发展水平也与可持续发展目标密切相关。通过数字技术的应用，可以实现资源的有效利用、绿色生产和消费模式的推广，从而促进环境保护和可持续发展。数字化技术可以帮助企业实现更高效的生产和运营，减少资源的浪费，降低对环境的负面影响。因此，数字经济的发展水平不仅对经济增长有积极影响，也为实现可持续发展目标提供了有力支持。

衡量数字经济发展水平可以更好地了解其对经济、社会以及可持续发展的影响。通过对数字经济的发展水平进行深入研究，我们可以了解数字经济对各个领域的影响机制，从而为政策制定和战略规划提供科学依据。同时，也可以为各个国家或地区提供借鉴和学习的经验，加速数字经济的发展。

总的来说，选择数字经济发展水平作为核心解释变量是非常合理的。数字经济在当今世界已经成为经济发展的重要动力，其发展水平直接关系到一个国家或地区的经济竞争力和可持续发展能力。因此，通过对数字经济发展水平进行研究，将为我们深入了解数字经济的影响机制，制定相应的政策和战略，推动数字经济的发展，从而促进工业发展绿色转型提供重要的参考依据。

3.控制变量

在研究中选择合适的控制变量是确保研究结果准确性和可靠性的重要一环。控制变量的选择需要建立在理论背景和先前研究的基础上，以确保它们与因变量存在一定的相关性或潜在的影响。在控制变量的选择过程中，还应进行初步的统计分析，检验潜在的控制变量与因变量之间是否存在显著相关性。这可以通过计算相关系数或进行回归分析等统计方法来实现。如果发现某个变量与因变量之间存在强相关关系，那么这个变量就应该被选取为控制变量，以确保研究结果的准确性。同时，在研究中也应该注意对控制变量的合理使用，避免过多或过少地引入控制变量，以保证研究结果的可信度。

根据相应的理论背景和先前的研究，最终确定了工业化水平和技术创新作为控制变量，下面将对这两个控制变量的选择进行详细解释。

工业化水平作为一个重要的控制变量在研究中起到了关键的作用。工业化水平反映了一个国家或地区在工业化进程中的相对程度，它涵盖了诸多方面，包括产业结构、工业产值、劳动力就业情况等。由于本研究关注的是工业发展绿色转型，工业化水平是一个直接影响因变量的重要因素。先前的研究也表明，工业化水平与绿色转型之间存在密切联系，高度工业化地区通常伴随着更高程度的环境压力，因此在研究中将其作为控制变量是非常合理的选择。

选择第二产业占GDP比重作为工业化水平，第二产业包括制造业、建筑业和工业部门，是经济中与工业化密切相关的部分。第二产业占GDP比重可以反映一个国家或地区经济结构中工业部门的重要性。第二产业占GDP比重的增加表示该国家或地区在制造业和工业领域的技术水平可能有所提高，可能具备较强的产业基础和竞争力。第二产业通常是经济增长的关键驱动力之一，第二产业占GDP比重的变化可以反映一个国家或地区工业水平对经济增长的贡献程度。

技术创新作为另一个控制变量也是具有重要意义的。技术创新在促进工业绿色转型方面起到了不可替代的作用。先进的技术可以提升产业的生产效率，减少资源的浪费，降低环境污染。因此，将技术创新作为控制变量，可以控制技术水平对工业绿色转型的影响，使我们更准确地评估数字经济对工业绿色转型的影响。

选择人均科学技术财政支出来衡量技术创新水平，科学技术财政支出是国家或地区用于促进科学研究和技术创新的财政资金，人均科学技术财政支出可以反映一个国家或地区对技术创新的投入，包括研发经费、人员培训和技术设施等。在当今社会中，科学技术已经成为推动经济增长和提升竞争力的重要驱动力，人均科学技术财政支出的增加说明一个国家或地区认识到科学技术对经济发展的重要性，并愿意投资技术创新，用于人才培养和科研机构的建设。通过投资科学研究和教育培训，培养和吸引高素质的科研人员和专业人才，促进技术创新和知识转化，有助于提高一个国家或地区的创新能力，反映一个国家或地区在技术创新方面的实际行动和成效。

4.中介变量

选择中介变量的依据，根据研究领域的理论框架和先前的研究，确定可能在自变量与因变量之间发挥中介作用的变量。中介变量应该位于自变量和因变量之间，形成一个逻辑的因果链，并在自变量对因变量的影响中起到中介作用。中介变量应与自变量和因变量都存在显著相关性。进行中介效应分析，可使用统计方法（如回归分析）检验中介效应是否显著。如果中介效应在统计意义上显著，则表明中介变量在自变量与因变量之间关系的机制中起到了中介作用。

选择人力资本作为研究工业发展绿色转型中介变量的原因：首先，人力资本是企业绿色转型的重要组成部分。人力资本包括劳动力的知识、技能和创造力等，这些都是企业在应对环境挑战和绿色转型过程中所需要的。其次，人力资本与企业的创新能力密切相关，具有较高水平人力资本的企业更容易通过技术创新和流程优化等方式来实现绿色转型，因此人力资本的投入可以提高企业的创新和绿色发展能力，对于绿色转型具有积极作用。最后，人力资本的提高也符合国家发展战略和政策导向。近年来，国家陆续出台了一系列促进高素质人才培养和人力资源管理的政策，这些政策的目的就是提高人力资本水平和创新能力，促进经济社会的可持续发展。

选择创新产出作为研究工业发展绿色转型中介变量的原因：首先，创新是推动工业发展和绿色转型的关键因素之一。通过创新，企业可以开发出更环保和可持续的产品和生产技术，提高资源利用效率，减少污染排放，降低对环境的负面影响。其次，创新产出是衡量企业创新活动成果的指标，包括新产品、新技术、新流程等，通过研究创新产出与绿色转型的中介关系，可以评估企业创新能力和绿色转型水平的有效性和成效，有助于为政策制定者和企业提供重要的决策参考。

选择城市化水平作为研究工业发展绿色转型中介变量的原因：城市化水平与工业发展关系密切，随着城市化进程的推进，人口集聚和城市规模扩大，对资源和能源的需求也相应的增加。城市化过程中工业活动迅速增加，导致环境负荷的增加，如大量工业废水、废气和固体废弃物的排放，对环境造成污染。政府和社会各界对环境保护和可持续发展的意识也在逐步提高，城市化水平的提高可能为工业发展绿色转型提供机会，如通过改善工业生产的环保技术和管理，推动可再生能源的应用等。

6.1.2 指标选取

本书的研究数据涵盖了我国30个省区市。研究所使用的数据来自《中国统计年鉴》、科技部、生态环境部、国家发展和改革委以及国家统计局。具体的变量选取和指标说明见表6-1。

表6-1 工业发展绿色转型指标体系

指标类型	指标	名称	单位	指标含义
被解释变量	工业发展绿色转型效率	gte	——	基于规模报酬不变，通过Super-SBM模型计算
核心解释变量	数字经济发展水平	dige	——	熵权法计算得出
控制变量	工业化水平	gy	%	第二产业占GDP比重
	技术创新	rid	万元/人	人均科学技术财政支出
中介变量	人力资本	edu	人	每十万人受教育人数
	创新产出	inv	亿元	技术市场成交额
	城市化水平	cs	%	人口密度

6.1.3 变量描述性统计

表6-2给出了变量的描述性统计，工业发展绿色转型效率及数字经济发展指数标准偏差较大，表示各省域的工业发展绿色转型及数字经济发展水平偏差较大。

表6-2 变量描述性统计

变量	最小值	最大值	均值	标准偏差
工业发展绿色转型效率	0.085	2.026	0.667	0.372
数字经济发展指数	0.012	0.958	0.224	0.165
工业化水平	0.160	0.620	0.410	0.081
技术创新	0.005	0.198	0.030	0.035

6.2　实证模型构建

6.2.1　模型设定

固定效应模型（Fixed Effects Model）是一种在面板数据分析中广泛应用的统计模型。它适用于在多个时间期间内对同一组个体进行观察的研究场景。在固定效应模型中，假设个体间的特征或不变因素对因变量的影响被视为固定且未在面板数据中，观察对象（个体、公司、地区等）在多个时间期间上被观测到，因此涉及个体和时间两个维度。该模型基于一个关键假设：个体间的特征或不变因素在面板数据中是固定的且未被观测到，而我们只能通过多次观察同一组个体来了解它们的影响。

在固定效应模型中，我们假设个体间的固定效应是存在的，但并不直接观测到。这些固定效应可以包括个体的特定特征、习惯性行为等，它们对因变量可能产生重要影响，但在研究设计中未被纳入考虑范围。固定效应模型通过引入个体固定效应，来控制个体特征对因变量的影响。这样一来，个体固定效应可以捕捉个体之间的差异，使研究人员能够更准确地估计其他解释变量对因变量的影响。

为了在模型中引入个体固定效应，我们通常会使用虚拟变量（也称为"哑变量"）来表示每个个体。这些虚拟变量在计算中会将每个个体的固定效应考虑进去，从而控制了与个体相关的非观测因素对因变量的影响。这样做的好处是，我们可以更准确地估计其他解释变量对因变量的影响，因为个体固定效应已经得到了控制。

固定效应模型的优点在于，它能够有效处理一些常见的面板数据问题，如自相关性（同一个体在不同时间期间观测到的数据之间存在相关关系）、异方差性（同一组个体在不同时间期间的方差不一样）等。此外，固定效应模型还能够提供个体水平的比较，使我们能够更好地理解不同个体之间的差异。然而，固定效应模型也存在一些局限性。首先，它可能会忽视个体固定效应之间的相关关系，而只着眼于个体差异。这在某些研究场景下可能导致估计结果的偏误。其次，固定效应模型假设个体固定效应是线性的，这可能不符合实际情况。如果个体固定效应的影响是非线性的，那么固定效应模型可能无法准确地捕捉到这种关系。

在1%的显著性水平下，随机效应模型和固定效应模型均通过了显著性检验。通过进行Hausman检验，发现其p值为0.000。因此，我们判断使用双向固定效应模型进行估计的结果是最合适的。

表6-3 数字经济对工业发展绿色转型影响赋能效应估计结果

变量名称	固定效应	随机效应
dige	2.199*** （1.073）	2.023*** （0.298）
Lngy	1.030*** （0.569）	0.766*** （0.291）
Lnrid	0.295*** （0.119）	0.263*** （0.819）
常数项	4.106*** （0.643）	3.637*** （0.468）
个体固定效应	是	是
时间固定效应	是	是
Hausman检验	28.62	
	[0.000]	
样本数	300	300
R²	0.329	0.328

注：***、**、* 分别表示在1%、5%、10%的水平上显著；（   ）内为估计系数的稳健标准误，[   ]内为Hausman检验的p值。

在1%的显著性水平下，固定效应模型通过了显著性检验，进一步使用Hausman检验，p值为0.000，故判断使用双向固定效应模型。

基于被解释变量，工业发展绿色转型效率（gte）构建面板数据模型：

$$\ln gte_{it} = \beta dige + control_{it}\gamma + \mu_i + \gamma_t + \varepsilon_{it} \tag{6-1}$$

其中，gte为被解释变量，表示工业发展绿色转型效率；dige表示数字经济发展指数；control表示控制变量：工业化水平gy、技术创新rid；μ_i是个体固定效应；γ_t是时间固定效应；ε_{it}为服从正态分布的误差项。

6.2.2 实证结果

表6-4显示了数字经济发展对工业发展绿色转型的估计结果。模型（1）表示未加入任何控制变量，而模型（2）和模型（3）分别表示逐步加入了控制变量。在未加入控制变量的情况下，核心解释变量数字经济发展的估计系数为2.412，在1%的显著性水平下通过了检验。逐步加入控制变量后，数字经济发展对工业发展绿色转型的回归系数均在2左右。模型（1）和模型（3）中数字经济均通过了1%显著性水

平的检验，表明数字经济发展对工业发展绿色转型具有显著的正向促进作用，即数字经济发展水平越高，工业发展绿色转型的能力越强。

工业化水平对工业发展绿色转型的估计系数为1.030，且在1%的显著性水平下通过了检验，说明工业化水平对工业发展绿色转型具有显著的正向促进作用。这表明工业化水平的提高与工业发展绿色转型水平的增强呈正相关关系，即工业化水平发展越高，工业发展绿色转型的能力越强。

技术创新对工业发展绿色转型的回归系数为0.295，且在1%的显著性水平下通过了检验，说明技术创新能够推动产业以较低的投入获得较高的产出，并提高资源利用效率，从而提升工业发展绿色转型水平。

表6-4　数字经济发展影响工业发展绿色转型的估计结果

变量	lngte		
	（1）	（2）	（3）
dige	2.412*** (1.082)	2.081** (1.082)	2.199*** (1.073)
lngy		1.298*** (0.565)	1.030*** (0.569)
lnrid			0.295*** (0.119)
常数项	1.949*** (0.108)	2.997*** (0.468)	4.106*** (0.643)
N	300	300	300
时间固定	是	是	是
省域固定	是	是	是
R^2	0.2990	0.3130	0.3291

注：*、**和***分别表示在10%、5%和1%的水平上显著，括号内为估计系数的稳健标准误。

6.2.3　稳健性检验

研究使用了聚类稳健标准误的双向固定效应模型进行稳健性检验，以评估基本回归模型是否由于地域差异性、指标选取等原因可能会对基准回归结果产生影响。首先，剔除工业发展绿色转型效率最高的两个省域（北京、山东）和最低的两个省域（新疆、贵州），剔除数据缺失部分，并重新进行了检验。这是因为我国各省域数字经济发展水平存在较大差异，有可能影响数字经济对工业发展绿色转型效率的正向影响结果。其次，更换被解释变量，重新估计模型。由于被解释变量是多个指标综合计算得到的最终结果，可能无法全面代表二级指标，因此选取一般工业固体废物产生量来重新作为被解释变量，以负的指标代表工业发展绿色转型效率，并再次进行了基准回归实证检验，稳健性检验结果如表6-5所示。

表6-5　稳健性检验结果

解释变量	（1）剔除差异大省域gte	（2）一般工业固体废物产生量
dige	1.287**	−0.370*
	(0.465)	(−0.153)
lngy	3.774***	0.030
	(0.659)	(0.442)
lnrid	0.280**	0.073
	(0.146)	(0.100)
常数项	3.470***	9.243
	(0.819)	(0.617)
个体固定效应	是	是
时间固定效应	是	是
样本数	130	130
R^2	0.3301	0.1921

注：*、**和***分别表示在10%、5%和1%的水平上显著，括号内为估计系数的稳健标准误。

表6-5中第2列（1）gte为剔除工业发展绿色转型效率最高的两个省域和最低的两个省域后，重新进行基准回归得到的工业发展绿色转型效率和数字经济发展水平的结果。虽然数字经济发展水平的系数有所变化，但数字经济发展水平仍然对工业发展绿色转型效率具有正向影响。第3列（2）gte表示数字经济发展水平对一般工业固体废物产生量具有拟合作用。随着数字经济的增长，一般工业固体废弃物的排放量减少。这说明数字经济的发展有助于减少一般工业固体废弃物的排放，数字经济在生产过程中可以降低污染物的排放，从而提高工业发展绿色转型效率。以上稳健性检验结果表明，本书的研究结论可靠。

6.2.4　内生性检验

在社会科学和经济学研究中，内生性问题在研究因果关系时十分常见。本书在现有研究的基础上选取了相关变量，但仍然存在内在问题。一方面，数字经济的发展可以提高工业发展绿色转型的效率，而工业发展绿色转型的效率也可以促进数字经济的发展，它们之间可能存在可逆的因果关系。另一方面，许多因素会对工业发展绿色转型效率产生影响，因此在选择控制变量时难免会忽略一些影响因素。

由于数字经济的发展需要一定的时间，因此当前数字经济的水平通常是过去数字经济水平的延迟。因此，数字经济的一阶滞后项可以更好地反映数字经济对过去工业发展的影响，避免了数字经济对当前工业发展的直接影响。同时，由于工业发展对数字经济的影响通常不会延迟太长时间，因此数字经济的一阶滞后项不会对工业发展绿色转型产生太大的影响，从而避免了数字经济对当前工业发展绿色转型的间接影响。通过引入数字经济的一阶滞后项作为工具变量，可以有效消除内生性问题，从而更准确地估计数字经济对工业发展绿色转型的因果效应，检验结果见表6-6。

表6-6 内生性检验结果

解释变量	基准回归结果	数字经济一阶滞后项做工具变量
dige	2.199**	1.969***
	(1.073)	(0.762)
lngy	1.030*	1.011***
	(0.569)	(0.250)
lnrid	0.295***	0.114
	(0.119)	(0.093)
常数项	4.106***	0.356
	(0.643)	(0.446)
样本数	300	300
R^2	0.3291	0.3742
KP-LM		56.676
		(0.0000)
KPWald F		68.945
		(16.38)

注：*、**和***分别表示在10%、5%和1%的水平上显著，括号内为估计系数的稳健标准误。

表6-6显示了基准回归模型的结果。首先，统计量K-P值为0.0000，拒绝了"工具变量识别不足"的原假设；KPWald F统计量大于10%水平的临界值，拒绝了"工具变量弱识别"的原假设。因此，数字经济一阶滞后项可以作为解决问题的工具变量。利用工具变量估算的结果显示，数字经济对工业发展绿色转型效率仍然有

正面影响，这也验证了前面分析结论的准确性。因此，工具变量的选择是有效且合理的。

6.3 中介效应模型

6.3.1 中介效应模型介绍

分析自变量对因变量产生的影响，如果变量通过影响变量 M 来影响因变量，那么这个变量 M 就是中介变量，中介变量发挥的作用就称为中介效应。一般来说，中介效应的过程可以通过以下计量模型来体现：

$$Y = cX + e_1 \tag{6-2}$$

$$M = aX + e_2 \tag{6-3}$$

$$Y = c'X + bM + e_3 \tag{6-4}$$

首先，检验方程的系数 c，也就是自变量 X 对因变量 Y 的总效应；其次，再检验方程的系数 a，也就是自变量和中介变量的关系；最后，控制中介变量 M 后，检验方程的系数 c' 和系数 b。

6.3.2 模型设定

为了验证数字经济对工业发展绿色转型的中介效应机制，检验数字经济能否通过提高人力资本、创新产出、城市化水平路径对工业发展绿色转型产生作用，构建以下的中介效应检验模型：

$$gte_{it} = \theta_0 + \theta_1 dige_{it} + f_i + \varepsilon_{it} \tag{6-5}$$

$$M_{it} = \delta_0 + \delta_1 dige_{it} + f_i + \varepsilon_{it} \tag{6-6}$$

$$gte_{it} = \sigma_0 + \sigma_1 dige_{it} + \sigma_2 M_{it} + f_i + \varepsilon_{it} \tag{6-7}$$

其中，i 表示省域；t 表示时间；gte_{it} 表示 i 省域 t 年的工业发展绿色转型效率，是因变量；$dige_{it}$ 表示 i 省域 t 年的数字经济发展水平；M_{it} 表示 i 省域 t 年的中介变量水平；f_i 表示不可观测的个体固定效应；ε_{it} 表示随机扰动项；模型中 θ_1 为总效应；σ_1 为直接效应，δ_1、σ_2 为中介效应。如果模型（6-5）中 θ_1 显著不为0，模型（6-6）中 δ_1 显著不为0且模型（6-7）中 σ_2 显著不为0，则中介效应显著；若模型（6-7）中 σ_1 显著不为0，则称为部分中介效应，否则称为完全中介效应。

6.3.3 中介效应模型检验

为验证本书的假设真实性和合理性，以及数字经济对工业发展绿色转型效率的中介效应机制，检验数字经济是否能够通过提高人力资本、创新产出、城市化水平的路径对工业发展绿色转型产生影响，中介变量为人力资本的检验结果如表6-7所示。

表6-7 人力资本中介效应检验结果

变量名称	人力资本中介效应		
	（1）	（2）	（3）
	lngte	lnedu	lngte
lndige	2.410***	1.341***	1.682***
	（6.28）	（8.94）	（3.97）
lnedu			0.543***
			（3.73）
常数项	7.160***	8.878***	4.348***
	（7.93）	（4.61）	（6.86）
Sobel检验	0.728		
	（3.442）		
中介效应占比	0.302		
个体固定效应	是	是	是
时间固定效应	是	是	是
样本数	300	300	300
R^2	0.190	0.307	0.227

注：括号为t统计量的值；***、**、*分别表示在1%、5%、10%的水平上显著。

中介变量为创新产出检验结果如表6-8所示。

表6-8 创新产出中介效应检验结果

变量名称	创新产出中介效应		
	（1）	（2）	（3）
	lngte	lninv	lngte
lndige	2.410***	7.290***	1.639***
	（6.28）	（7.52）	（4.06）

变量名称	创新产出中介效应		
	（1）	（2）	（3）
	lngte	lninv	lngte
lninv			0.105***
			(4.76)
常数项	7.160***	5.673***	9.080***
	(7.93)	(2.40)	(7.48)
Sobel检验		0.770	
		(4.023)	
中介效应占比		0.319	
个体固定效应	是	是	是
时间固定效应	是	是	是
样本数	300	300	300
R^2	0.190	0.264	0.248

注：括号为t统计量的值；***、**、*分别表示在1%、5%、10%的水平上显著。

中介变量为城市化水平检验结果如表6-9所示。

表6-9　城市化水平中介效应检验结果

变量名称	城市化水平中介效应		
	（1）	（2）	（3）
	lngte	lncs	lngte
lndige	2.410***	4.210***	1.498***
	(6.28)	(5.62)	(8.01)
lncs			0.216***
			(8.01)
常数项	7.160***	3.840***	1.820***
	(7.93)	(4.61)	(6.37)
Sobel检验		0.912	
		(4.604)	
中介效应占比		0.378	
个体固定效应	是	是	是
时间固定效应	是	是	是
样本数	300	300	300
R^2	0.190	0.153	0.335

注：括号为t统计量的值；***、**、*分别表示在1%、5%、10%的水平上显著。

6.3.4　中介效应模型结果

根据中介效应路径假设，数字经济发展水平通过人力资本、创新产出、城市化水平三条路径促进工业发展绿色转型效率的增长，结果表明数字经济发展水平对工业发展绿色转型效益增长有明显的促进效果。

1.以"数字经济发展—人力资本—工业发展绿色转型"为影响路径

在全国省域层面，中介效应显著，具体如表6-7模型（1）、模型（2）、模型（3）所示：总效应为2.410，在1%的显著性水平下显著；模型（2）中，以人力资本为被解释变量，数字经济规模的系数值为1.341，在1%的显著性水平下显著。这意味着其他条件不变的情况下，数字经济规模每增加1个百分点，创新能力水平将提高1.341个百分点；在模型（3）中，加入"人力资本"这一中介变量后，人力资本的系数为0.543，即在其他条件不变的情况下，人力资本每增加1个百分点，工业发展绿色转型升级水平将平均提高0.543个百分点。Sobel检验的p值为0.000，小于0.01，表明以"人力资本"为中介变量的中介效应十分显著，且中介效应占比为0.302。这充分说明"人力资本"对发展数字经济有积极的正面影响。工业发展绿色转型离不开人力资本，人力资本规模的扩大促使数字经济提升，进一步推动工业发展绿色转型升级。

2.以"数字经济发展—创新产出—工业发展绿色转型"为影响路径

当中介变量是"创新产出"时，从全国省域层面来看，中介效应显著，具体如表6-8模型（1）、模型（2）、模型（3）所示：总效应为2.410且在1%的显著性水平下显著；模型（2）的结果显示，数字经济规模系数为7.290且在1%的显著性水平下显著，其会对创新产出产生显著的正向作用，即其他条件不变的情况下，数字经济规模每增加1个百分点，创新产出将提高7.290个百分点；当模型（3）加入"创新产出"这一中介变量后，创新产出的系数为0.105，即在其他条件不变的情况下，创新产出每增加1个百分点，工业发展绿色转型升级水平将平均提高0.105个百分点，Sobel检验的p值为0.000小于0.01，即以"创新产出"为中介变量的中介效应十分显著，且中介效应占比为0.319。这充分说明"创新产出"对发展数字经济有积极的正面影响。工业发展绿色转型离不开创新产出，创新产出规模的扩大促使数字经济提升，进一步推动工业发展绿色转型升级。

3.以"数字经济发展—城市化水平—工业发展绿色转型"为影响路径

当中介变量是"城市化水平"时，从全国省域层面来看，中介效应显著，具体如表6-9模型（1）、模型（2）、模型（3）所示：总效应为2.410且在1%的显著性水平下显著；模型（2）的结果显示，数字经济规模系数为4.210且在1%的显著性水平下显著，其会对城市化水平产生显著的正向作用，即其他条件不变的情况下，数字经济规模每增加1个百分点，城市化水平将提高4.210个百分点；当模型（3）加入"城市化水平"这一中介变量后，城市化水平的系数为0.216，即在其他条件不变的情况下，城市化水平每增加1个百分点，工业发展绿色转型升级水平将平均提高0.216个百分点，Sobel检验的p值为0.000小于0.01，即以"城市化水平"为中介变量的中介效应十分显著，且中介效应占比为0.378。这充分说明"城市化水平"对发展数字经济有积极的正面影响。工业发展绿色转型离不开市化水平，城市化水平规模的扩大促使数字经济提升，从而进一步推动工业发展绿色转型升级。

6.4　本章小结

根据中介效应检验得出：数字经济发展水平通过三条路径促进工业发展绿色转型效率增长，对工业发展绿色转型效益增长有明显促进效益，三条路径分别是：以"数字经济发展—人力资本—工业发展绿色转型"为影响路径；以"数字经济发展—创新产出—工业发展绿色转型"为影响路径；以"数字经济发展—城市化水平—工业发展绿色转型"为影响路径。

7　结论与建议

通过前两章的讨论可以发现我国不同省域工业发展绿色转型存在差异，工业发展的绿色转型应因地制宜。因此，本章将依据当前各省域工业发展的特征、数字经济的发展现状及前文得出的结论，提出具有针对性的工业发展绿色转型对策建议。

7.1　研究结论

7.1.1　数字经济及工业发展绿色转型发展水平

在我国各省域范围内，数字经济的发展水平呈现出显著的地域差异，各省域在数字经济发展方面展现出不同的特点和进展速度。

首先，值得注意的是，一些省域在数字经济发展方面取得了显著的成就。以北京为例，其在数字经济发展综合指数方面平均水平位居全国榜首，这一成就充分展示了北京作为我国科技和创新中心的强大实力。北京拥有雄厚的科技实力、丰富的人才资源以及完善的创新生态环境，为数字经济的蓬勃发展提供了有力的支持。其次，上海、广东、浙江等一线城市和发达省域也在数字经济发展方面取得了显著的成就。这些地区具备较高的科技水平、强大的产业基础以及完善的数字化基础设施，使数字经济在这些地区得到了全方位的推动和发展。

与发达省域相比，一些省域在数字经济发展方面进展较慢，面临着一些挑战和机遇。例如，贵州、甘肃、青海和宁夏等地，由于地理、经济、人口等方面的差异，数字经济的发展相对滞后。这些省域在数字化基础设施、人才资源等方面相对薄弱，也面临着如何在数字经济时代找到发展的新路径的问题。

然而，正是这些相对落后的省域，也具有数字经济发展的巨大潜力和机遇。首先，这些省域拥有丰富的自然资源和独特的区位优势，可以在数字经济的发展中发挥特色产业的优势，实现产业升级。其次，这些省域也可以通过加大对人才培养和引进的力度，提升自身的科技创新能力，从而推动数字经济的发展。同时，政府在数字经济发展方面也扮演着至关重要的角色。政府可以通过出台一系列的政策措施，推动数字经济发展。例如，在基础设施建设方面，可以加大对数字化基础设施建设的投入，提升网络覆盖率和数据传输速度。在人才培养方面，可以加大对人才的培训和引进力度，培养一批在数字经济领域有竞争力的专业人才。在产业引导方面，可以通过发展数字经济产业园区等方式，吸引更多的数字经济企业落户，形成集聚效应。此外，还需要加强不同省域之间的合作与交流。发达省域可以通过对落后省域的技术、资金等方面的支持，帮助其加快数字经济的发展步伐。同时，落后省域也可以通过借鉴发达省域的经验和模式，加快发展数字经济，实现跨越式发展。

综合来看，我国各省域数字经济发展规模呈现出明显的地域差异，既有发达省域取得的显著成就，也有相对滞后的省域面临的挑战。然而，每个省域都有其独特的优势和发展潜力，通过政府、企业、社会各界的共同努力，可以推动数字经济在全国范围内的全面发展，为我国经济的可持续发展注入新的动力。同时，也需要在数字经济发展的过程中，注意省域之间的均衡发展，实现全国范围内的共同繁荣与进步。

工业发展绿色转型既是我国经济发展的重要方向之一，也是全球可持续发展的关键路径。近年来，各省域在工业发展绿色转型方面展现出了明显的差异和特点。东部地区如广东、上海、浙江和江苏等经济发达省域在工业发展绿色转型方面取得了显著的成就。中部地区相对于东部地区在这方面仍存在一定的差距，但各地也在不断努力提高工业发展绿色转型水平。而东北地区作为我国的重要工业基地，在过去几十年中经历了产业结构调整和经济下行，其工业发展面临诸多挑战，需要加速绿色转型以推动可持续发展。

首先，东部地区在工业发展绿色转型方面取得了显著成就。这些地区具备先进的科技水平、优越的产业基础和相对完善的法律法规体系，为绿色转型提供了有力支撑。例如，广东作为我国的经济龙头省域，通过大力发展高新技术产业和推动绿色制造，取得了显著的成效。上海作为我国的经济金融中心，致力于构建绿色金融体系，推动绿色产业的发展。这些地区通过制定一系列绿色发展政策和引导措施，不断加大对环保产业和清洁能源等领域的支持力度，为工业绿色转型注入了新的动力。

其次，中部地区相对于东部地区在工业发展绿色转型方面仍存在一定的差距，但各地也在不断努力提高工业发展绿色转型水平。例如，湖南、河南等省域在近年来积极推动绿色转型，加大环保产业的发展力度，鼓励企业进行清洁生产和资源循环利用。这些地区也在加大科技创新力度，引导企业采用先进的环保技术和设备，逐步实现绿色制造。

然而，东北地区作为我国的重要工业基地，面临着独特的挑战和机遇。过去几十年中，东北地区经历了产业结构调整和经济下行阶段，传统的重工业产业面临着转型升级的压力。东北地区的工业发展需要更多的资源，尤其是对煤炭等能源资源的依赖相对较高。然而，与此同时，东北地区也一直存在着能耗高、产能少的问题，这使绿色转型成为当务之急。

要推动东北地区的工业发展绿色转型，需要采取一系列有针对性的措施。首先，可以加大对新兴绿色产业的扶持力度，鼓励和引导企业进行技术创新和绿色制造。其次，可以加强与高校、科研院所的合作，共同推动科技成果的转化和应用，提升技术水平。此外，也需要加大政府对环保产业的支持力度，鼓励企业进行环保设施的建设和更新，提高资源利用效率。

总的来说，我国各省域工业发展绿色转型的水平呈现出明显的地域差异。东部地区取得了显著成就，中部地区正在不断提高水平，而东北地区则面临着转型升级的压力和机遇。各地可以根据自身的实际情况，制定符合本地区特点的绿色转型策略和举措，共同推动工业发展向绿色转型迈进，为实现可持续发展目标作出积极贡献。

7.1.2 数字经济对工业发展绿色转型有重要促进作用

7.1.2.1 数字经济发展对工业发展绿色转型具有显著的正向促进作用

数字经济发展程度越高，工业发展绿色转型能力越强。随着科技的不断进步和信息技术的飞速发展，数字经济已经成为当今世界经济的一大亮点。数字经济以其高效、便捷、灵活等特点，深刻地改变着我们的生产方式、消费模式以及社会组织形式。在这个过程中，数字经济的发展对于推动工业发展绿色转型起到了至关重要的作用。

首先，数字经济的崛起为工业发展绿色转型提供了强大的技术支持和数据支撑。通过云计算、大数据、人工智能等先进技术的应用，数字经济为工业企业提供了更加智能化、精细化的生产管理手段。生产过程中的信息化、自动化程度大幅提升，使资源的利用更加高效，减少了环境污染和能源浪费，从而为工业绿色转型奠定了坚实的基础。其次，数字经济的发展也催生了新的经济模式和业态，进而推动了绿色产业的崛起。新兴产业如清洁能源、环保技术等在数字经济的推动下蓬勃发展，为工业转型提供了丰富的发展空间。同时，共享经济、绿色物流等新型业态的兴起也为传统工业转型提供了借鉴和启示，推动了绿色转型的加速进行。再次，数字经济的快速发展也为工业绿色转型注入了新的动力。数字经济的蓬勃发展带动了经济结构的优化升级，使资源配置更加合理，推动了绿色技术的研发和应用。最后，数字经济的崛起也吸引了大量人才和资金投入绿色产业中，为绿色转型提供了坚实的人才和资金保障。

7.1.2.2 工业化水平对工业发展绿色转型具有显著的正向促进作用

工业化水平的提升对于工业发展绿色转型同样具有重要的促进作用。即工业化水平越高，工业发展绿色转型能力越强。随着工业化进程的不断推进，人们对环境保护意识的提高以及绿色发展理念的深入人心，使工业发展绿色转型成为必然趋势。工业化水平的提升意味着生产力和技术水平的提高，这也为工业绿色转型提供了更为广阔的发展空间。

此外，随着工业化水平的提升，政府对于环保政策的重视程度也会相应增强。政府会加大对于环保技术研发的支持力度，推动绿色技术的应用和推广。同时，通过制定严格的环保法律法规，加大对于环境污染的惩罚力度，也将推动企业加快绿色转型的步伐。

7.1.2.3 技术创新能够提升工业发展绿色转型水平

技术创新作为推动工业发展绿色转型的重要动力，其作用不可忽视。技术创新能够推动产业以低投入获得较高产出以及提高资源利用效率，进而提升工业发展绿色转型水平。随着科技的不断进步，新技术的涌现为工业绿色转型提供了丰富的手段和途径。例如，清洁生产技术的不断创新，使企业能够在生产过程中减少污染物的排放，实现绿色生产。同时，新型材料、新能源等的研发应用也为工业绿色转型提供了重要的技术支撑。

此外，技术创新还可以降低工业绿色转型的成本，提升经济效益。通过引入先进的生产技术和管理方法，企业可以在保证生产质量的同时降低资源消耗，提高资源利用效率，实现节约型生产。同时，技术创新也可以提升企业的市场竞争力，拓展绿色产业的市场份额。

综上所述，数字经济的发展、工业化水平的提升以及技术创新的推动共同为工业发展绿色转型提供了有力的支持。随着各方面条件的不断完善，相信工业绿色转型将会在未来取得更加显著的成果，为经济可持续发展作出积极贡献。

7.1.3 中介效应结论

7.1.3.1 路径一：数字经济—人力资本—工业发展绿色转型

数字经济的快速发展对于人力资本和工业发展绿色转型具有深远的影响。通过多种方式，数字经济为人力资本的培养和发展提供了新的契机，同时也推动了工业的绿色转型。结果显示数字经济发展对工业发展绿色转型升级存在以"人力资本"为中介变量的内在机制，这充分说明了"人力资本"具有强大的生命力，发展数字经济也对"人力资本"水平的提升具有积极正面影响。

首先，数字经济为人力资本的提升提供了丰富的学习资源和平台。随着互联网技术的普及和发展，人们可以轻松获取到丰富的在线教育资源，学习成本大幅度降低。无论是在技术领域还是管理学科，数字经济为人们提供了随时随地学习的便利条件，使知识获取更加便捷高效。其次，数字经济也催生了许多新型的职业和工作机会，进而拓展了人力资本的发展空间。随着互联网、人工智能等技术的广泛应用，新兴产业和职业如数据分析师、人工智能工程师等迅速崛起。这些新型职业对于高素质人才的需求极大地拓展了人力资本的就业领域，也为人们提供了更多实践和发展的机会。此外，数字经济的发展也促使了传统产业向高端、绿色方向转型，进一步提升了对人力资本的要求。新兴技术的应用需要具备更高技能和创新能力的人才，传统产业也需要更多绿色环保型的人力资本来推动绿色转型。因此，数字经济的崛起催生了对人力资本素质的提升和更新。另外，数字经济的发展也为人力资本的培训和发展提供了更为灵活的方式。通过在线课程、远程培训等形式，人们可以根据自身的时间和地点选择适合的学习方式，从而提高了学习的效率和灵活性。同时，数字技术的应用也使培训过程更加个性化和精准，能够更好地满足不同人群的学习需求。

研究结果显示，数字经济发展对工业发展绿色转型升级存在以"人力资本"为中介变量的内在机制。这就意味着数字经济的崛起不仅直接影响了工业绿色转型，也通过提升人力资本水平间接推动了绿色转型的升级。这也从侧面印证了"人力资本"具有强大的生命力，发展数字经济也对"人力资本"水平的提升具有积极正面影响。

综上所述，数字经济的发展为人力资本的提升提供了新的机遇，同时也推动了工业发展绿色转型。通过丰富的学习资源、拓展的职业机会、高端绿色产业的需求以及灵活的培训方式，数字经济为人力资本的培养和发展提供了强大的支持。相信随着数字经济的不断发展，人力资本将在推动工业发展绿色转型的过程中发挥越来越重要的作用，为经济可持续发展作出积极贡献。

7.1.3.2 路径二：数字经济—创新产出—工业发展绿色转型

数字经济可以通过多种方式影响创新产出并推动工业发展绿色转型。随着数字经济的迅速崛起，其对于创新产出和工业绿色转型的影响越发显著。数字经济通过多种途径塑造了创新生态，推动了工业向绿色方向转型。结果显示，数字经济发展对工业绿色转型的升级过程中，起到了以"创新产出"为中介变量的重要内在机制，这进一步印证了"创新产出"的重要性，同时也凸显了发展数字经济对于推动"创新产出"的积极正面影响。

首先，数字经济为创新提供了广阔的发展平台。随着云计算、人工智能、大数据等前沿技术的不断涌现，数字经济为创新提供了丰富的技术基础和数据支持。科技企业通过数字化手段能够更加高效地进行研发和创新实践，加速了新技术、新产品的推出。同时，数字经济也为创新者提供了更广泛的交流和合作平台，促进了创新的共享和传播。其次，数字经济的发展催生了一批以创新为导向的新兴产业和企业。在数字经济的推动下，诸如人工智能、区块链、生物技术等领域不断涌现出一批具有领先创新能力的企业，它们成为推动产业升级和绿色转型的生力军。这些企业以其敏锐的市场洞察力和创新能力，推动了相关领域的技术和产品不断更新，为工业发展绿色转型注入新的动力。此外，数字经济也提高了创新产出的效率和质量。通过数字化的生产和管理手段，企业能够更加高效地进行创新活动，大幅提升创新产出的速度和质量。同时，数字经济也为创新提供了更为广泛的市场和受众，加速了创新成果的落地和推广。最后，数字经济的快速发展也促使了传统产业向绿色发展转型，进一步提升了创新产出的需求和价值。绿色技术、清洁能源等领域的创新成果在数字经济的支持下得到了广泛应用，成为推动绿色转型的重要力量。这不仅为创新提供了更大的应用场景，也使创新产出更加贴近实际产业需求，促进了绿色产业的崛起。

综合来看，数字经济通过丰富的技术基础、催生新兴产业、提升创新效率等多方面的途径，为创新产出提供了强大的支持。研究结果也充分证实了数字经济发展对工业绿色转型升级具有以"创新产出"为中介变量的内在机制。这不仅凸显了"创新产出"的生命力和关键作用，也凸显了发展数字经济对推动"创新产出"的积极正面影响。

因此，促进数字经济的健康发展，将有助于进一步激发创新活力，推动工业向绿色转型迈进。数字经济将成为促使产业升级、推动绿色转型的重要引擎，为经济可持续发展的目标不断贡献力量。

7.1.3.3　路径三：数字经济—城市化水平—工业发展绿色转型

数字经济可以通过多种方式影响城市化水平并推动工业发展绿色转型。随着数字经济的蓬勃发展，其在城市化进程和工业绿色转型方面的作用日益显著。数字经济通过多种途径塑造了城市化的新模式，推动了工业向绿色方向的转型。研究结果显示，数字经济发展对工业绿色转型升级具有以"城市化水平"为中介变量的内在机制，这也再次验证了"城市化水平"对于可持续发展的重要性，同时也凸显了发展数字经济对"城市化水平"的积极正面影响。

首先，数字经济为城市化提供了强大的发展动力。随着信息技术的普及和互联网的快速发展，数字经济在城市化进程中发挥了重要作用。数字技术的应用使城市规划、资源配置、基础设施建设等方面得到了极大的优化，提高了城市化的效率和质量。同时，数字经济也为城市提供了更多的创新机会，促使了产业的多元化和升级，为城市的可持续发展奠定了坚实的基础。其次，数字经济催生了新型的城市经济模式，进一步推动了城市化水平的提升。互联网经济、共享经济等新兴经济形态在数字经济的推动下蓬勃发展，为城市提供了更多的发展机遇。这些新型经济模式带动了城市内部产业的升级和创新，既使城市的经济结构更加多元化，也为工业绿色转型提供了更广阔的空间。此外，数字经济的发展也加速了城市间的信息互联和合作。城市间的信息交流和资源共享得到了大幅提升，城市间的合作与交流变得更加紧密高效。这种城市间的互联互通，既推动了优质资源的共享和合理利用，也为工业发展绿色转型提供了更为广阔的市场。最后，数字经济的发展催生了更加灵活的城市管理模式。通过数字化技术的应用，城市可以更加精准地进行资源配置和环境管理，提高了城市的运行效率和生活品质。同时，数字经济也为城市提供了更多的智能化解决方案，例如智慧交通、智慧医疗等，为城市发展提供了新的动力。

研究结果显示，数字经济发展对工业发展绿色转型的升级存在以"城市化水平"为中介变量的内在机制。这说明数字经济的崛起不仅直接推动了工业绿色转型，也通过城市化水平的提升间接推动了绿色转型的升级。这再次印证了"城市化水平"的强大生命力和对经济可持续发展起关键作用，同时凸显了发展数字经济对

"城市化水平"的积极正面影响。

综上所述，数字经济通过丰富的技术基础、催生了新型城市经济模式、加速城市间合作等多方面途径，为城市化水平的提升提供了强大的支持。数字经济将成为促使城市化水平不断提升、推动工业向绿色转型迈进的关键力量，为经济可持续发展的目标不断贡献力量。通过进一步推动数字经济的发展，我们将能够见证城市化水平的不断提升，为建设更加宜居、绿色、可持续的城市作出积极贡献。

7.2 对策建议

7.2.1 强化数字经济技术赋能作用，推动"数实融合"发展

产业技术的不断发展是实现工业数字化、绿色化转型的根本动力。数字经济的高创新性和广覆盖性既是改造和提升传统产业的支点，也是构建现代化经济体系的重要引擎。在产业生产中不断强化中小企业绿色转型理念，积极引导工业实体经济确立"数实融合"的发展理念，不断激励和引导中小企业发挥自身主观能动性，积极主动寻求实体经济与数字经济融合的契机。企业在技术革新时应充分利用数字经济的特征与优势，识别关键性的技术需求，大力提升绿色低碳核心技术，为绿色转型提供不竭的动力。强化数字经济技术的赋能作用可以推动"数实融合"发展，为工业发展绿色转型提供技术支持和路径选择。数字经济技术的应用可以提高资源利用效率，减少碳排放和废弃物产生，推动绿色供应链管理和循环经济发展，促进工业发展的绿色转型。

1.优化升级数字基础设施，保障数字经济发展

数字技术的发展改变了传统事务之间的平面连接现状，数字化技术将传统事务实现交互式连接，省去中间过多的接点，带来变革性突破。对大数据中心、人工智能计算中心等重点领域的算力基础设施进行全面升级；对工业互联网、5G通信基站等通信网络基础设施进行重点建设；对数字化办公、智能交通基础设施等融合基础设施转型升级；数字技术的新型基础设施建设可以扩大应用新一代信息网络的范围，促进数字技术在实体经济尤其是在工业中的规模化应用，加大数字技术在传统产业中的应用推广力度，鼓励企业积极采用数字化技术改造生产过程和管理模式，

加快数字技术与工业领域的技术融合与突破。提高生产效率和产品质量，促进工业绿色转型。

2.广泛应用数字技术，促进工业绿色转型

在工业生产、服务和流通过程中涉及的原材料采购与运输、产品设计与生产加工、销售和售后服务等阶段广泛应用数字技术，借助数字技术逐步改变以土地、劳动、资本等传统生产要素指导的工业生产模式。搭建数字化生产平台，促进企业内部的互联互通，从而实现工业企业各部门之间的生产信息流的协同，有助于优化工业资源的配置。同时，积极探索数字技术在工业绿色发展和节能减排方面的新应用场景，充分发挥5G、工业互联网等信息技术在绿色制造生产过程中各环节的作用，提高技术资源的使用效率，协同推动制造业实现节能提效，这使数字经济能够为生产和服务的整个流程提供支持。在工业的产业链内创建绿色技术联盟，开展技术帮扶、交流与合作，优先在工业重点企业应用区块链、人工智能和云计算等新兴数字技术，实现重点企业数字化、智能化改造，促进智能工厂的建造，发挥龙头工业企业示范作用，利用行业龙头企业技术优势，带动产业链内其他中小企业参与解决行业绿色技术难题、开展绿色技术信息交流与共享，在发展中学习并提高中小企业自身技能。实行新经营业态，在线上进行部分经营活动，比如线上预约、远端运行维保、个性定制，降低工业经营成本，实现工业线上经营活动和线下经营活动有效对接，提升资源配置效率。加强各部门之间的沟通与交流，可以快速、准确地对市场需求端做出反应，探寻新的产品种类和产品体验，提升工业企业竞争力。

3.加强区域间的合作联动

借助数据要素的高传播性，推动转型驱动政策和数字技术的空间互联。对地区差异尽量做到协调发展，充分利用由数字经济快速发展而带来的"挤出效应"和"集聚效应"，产业管理与发展模式向"多头"发展，形成中心产业和城市向周边区域的辐射发展，并充分融合数字经济与产业发展，推动产业的多元化发展，完善市场体系，推动产品市场化、品牌化和规模化发展。探讨适宜的数字要素协同发展策略，注重多省域的工业协同治理转型，建立一盘棋思维，引导各省域，各行业间互相配合，优势互补，建立跨区域沟通、学习和交流的规制联治体系。加强各区域间的合作，进一步扩大集聚效应，共同建设和完善高效、共享、共赢的工业绿色转型发展规划体系。引导并推动跨层级、跨区域、跨部门的数据要素共享，促进产业的协同发展，不断提升发达省域中数据要素的有序开放程度。通过深入的区域共享交流逐步释放数据红利，加强各地区产业链条的衔接和协作，确保没有任何地区被边缘化，实现优势互补和资源共享。从空间视角来看，实现高效率的工业绿色协同转型。优化区域间产品的流通，可以减少跨区域的污染物排放，通过各区域间的供需调节，可以充分调动各区域的资源，优化资源配置效率。此外，建立绿色长廊可以更好地宣传绿色转型的好处，搭建平台促进各区域间的交流学习，在发展中不断汲取各行业的优点，规避风险，少走弯路，极大地促成产业的绿色发展并成倍发挥数字经济的扩散效应。

4.推动数字技术自主创新，持续增强绿色转型动力

前沿数字技术研发是推动数字经济发展的核心基础。为加强数字技术创新，需要持续突破现有技术壁垒，确保数字技术的稳定性和安全性，同时实现高数据流转率、高确定性、高网络质量、高技术能力、高能效水平以及高计算效率。当前应强化对数字技术的研发力度，早期投入研发新数字技术，确保占据技术创新的制高点。在数字经济与实体经济深度融合的背景下，应充分发挥数字经济在创新领域的催化作用，增加对生产模式、产品、服务等方面创新项目的资金支持。要不断进行数字技术创新，以保障企业创新活动的持续发展，推动工业创新要素与数字经济深度融合，提高工业企业的创新能力。同时，加强技术创新在实现工业绿色转型方面的推动作用，提升工业的自主创新主观能动性，建立自主研发机构，提高研发强度，加速转化工业创新成果，不断进行自主创新，提高技术创新水平，从而推动工业绿色转型的升级。

5.强化数字监管和数据风险防范

数据释放价值时的形态日益丰富，数据资产的分类和整理难度逐渐加大，以往使用的传统数据分析方法和工具无法准确识别信息内容和信息的重要程度，各级部门的规则制定也没有统一的标准，因此在不同场景下的等级认定以及管控措施可能不统一，数据资产的分级难以稳定进行。数据的高效共享目前主要借助API技术，借此技术传输的核心业务数据、个人信息、技术资料等数据的流动性大大增强，有意针对API接口的恶意攻击可以批量获取敏感数据，造成多方主体的数据泄露，风险点激增。AI技术的便利产生了许多伪新闻事件和网络舆情，新技术的应用降低了恶意攻击的成本，移动性和隐蔽性较强，伪事件的发生煽动社会情绪，危害社会治安并增加了政府的管理难度。数据的共建共享在进行交互数据的自动迭代传输过程中，涉及非常多的主体和流通的部门，极易造成数据传输过程中数据安全监管责任主体不清晰，当防护能力较弱时数据极易泄露，个人隐私和企业的经营数据的泄露会影响居民和企业的正常生活生产甚至生命财产安全，当技术资料和国家机密等遭到有心之人的利用，将会危机国家安全，并且随着数据流的链路不断增长，对数据的流向和追踪有较大的困难，很可能因为数据的泄露造成数据网的全局渗透。数字经济面向企业和消费者提供各类场景化服务，伴随着数据越来越多的产生与流动，不法分子为了达到自己的目的恶意破解数据，不惜损毁数据，篡改数据，有心之人滥用数据进行商业诈骗和不良广告的投放，破坏商业和市场活动规律。此外，数据要素的应用范围与应用场景越来越丰富，国际竞争形式逐渐严峻，但境外单边主义，保护主义日渐盛行，数据安全成为部分西方国家打击和遏制我国数据发展的借口，数据安全面临的风险越来越高。

针对以上出现的数据安全风险问题，应加强对各层级员工的数字化技术培训，提升员工的数字技术水平和绿色发展理念。并扩大监管范围，管好数据并治理好数据，平衡数据应用与安全防护之间的关系。在数据使用时注意数据的安全风险防范，提升数据处理能力以及风险控制能力。数据安全防护体系应关注数据的全生命周期流转，结合具体场景以及行业特性制定相应的管理机制。首先，应当开展一系列的数据风险发现过程，发现问题并对数据安全进行治理评估。寻找专业的数据安全治理团队，对实际应用现状和使用情况进行分析，确定数据流的上下级，访问的关键路径，实现数据流通过程的可追溯性。明确数据防护的薄弱环节以及面临的管理、技术和运营风险。其次，结合所发现的问题寻找共性问题，制定针对性数据安全管理规定。重要数据进行高等级的防护措施，利用特权账号，访问权限，终端控制等措施守住数据安全的关口。最后，依托专业团队，构建一体化的数据安全运营体系，保证数据的真实性、完整性和保密性，实现数据资源传输、交换和共享阶段的环境安全可靠。

7.2.2 加强环境污染协同治理

环境污染关系到自然界的每一个个体，工业发展带来的环境污染无法依靠工业个体进行改善，需要社会各界的共同努力。环境污染是当前工业发展面临的主要问题之一，加强环境污染协同治理可以提高环境污染的防控能力，保护生态环境，为工业发展提供良好的环境基础，实现环境与产业的可持续发展。随着国内外对环境保护要求的提高，传统的高污染、高能耗的工业模式已经无法满足市场需求。通过加强协同治理，推动工业绿色转型，可以提升企业的技术创新能力和竞争力，满足市场的环保需求，实现可持续发展。加强环境污染协同治理可以促进工业的资源高效利用。通过减少污染物排放、改善节能减排技术，可以有效节约能源和降低资源消耗，提高工业生产的资源利用效率，降低生产成本，实现绿色发展。环境治理需要各产业的积极参与和合作。加强环境污染协同治理可以促进产业之间的合作，形成产业链上下游的协同效应。一方面，污染治理压力可以促使高污染的环节与低污染的环节密切合作，共同推进减排工作，实现污染物的资源化利用。另一方面，环境污染治理可以促进技术创新和产业升级，推动产业结构的优化和协同发展。

1.加强制度建设

建立健全的法律和监管机制，明确环境保护责任和目标，确保各相关部门之间的协调合作，对环境治理成果好的群体与企业实行奖励，对不顾环境保护的企业进行严厉的惩罚。制定和完善环境标准和排放限额，开展环境保护督察，推动企业实施清洁生产和污染防治，在生产活动中时刻谨记不得跨越生态红线，加大对非生态行为监管和督察问责力度。建立健全环境污染损害鉴定评估和赔偿制度，实行环保机构检测执法垂直管理，避免一些干预活动导致执法不严，违法不究的问题。各级政府应根据各地区的实际情况制定不同的环境政策，坚定践行"两山"理念，加强监管和执法力度，避免环境污染问题长期得不到有效解决，不断增强环境保护制度建设的协同性、系统性、整体性。针对环境保护设立专门环境税以及污染防治资金，政府污染防治资金和环保部门经费应纳入同级财政预算，确保排污费改税稳定过渡。由于政府环保投入稳定的资金来源渠道尚不健全，应急式投入较为明显，政府环保投入的持续性、稳定性和效率都需要加强。发挥政府的环境政策规制和数字经济的协同作用，促进各方合作共同推动工业绿色转型，还可以通过建立绿色技术创新基金、鼓励企业参与环保标准制定等方式，充分调动市场和社会力量，为企业的绿色转型提供政策支持和资金保障。

2.强化企业责任

建立健全环境管理制度，推动企业加强环境责任意识。良好的企业环境监管可以提高劳动生产率，为企业带来新的竞争环境和竞争能力并树立良好的环保形象。此时企业将环境管理纳入企业管理，就会采用先进的工艺和清洁的能源，不仅可以从源头监管，减少生产过程中污染物的排放，还可以提升产品的附加值，在全球绿色经济的浪潮中构建竞争优势。企业在生产过程中落实污染防治措施，整个企业的环保队伍将不断扩大，环境保护管理意识和环保技术不断增强，企业对自己的环境管理质量将会更好。现阶段的企业环保工作应加强环保宣传，提高全体人员的环保意识，并对企业环保人员进行专项培训，提升企业环境管理制度的运行效率。企业应加强环境审计和监管，对产生的固体废物和危险废物进行分类处置，并严格审查供货商的资质，避免不必要的损失。在日常管理工作中应注重资金投入，生产设施及时维护和保养，环保安全人员定期培训，技术人员进行专项学习，确保企业的环保管理正常运转。

3.促进公众参与

社会普通群众以及利益相关者运用正规合法的方式进行公民参与表达自我利益和社会愿望，有利于制定政策、管理公共事务并进行公共治理。在环境污染治理时应向公众广泛宣传环保知识，提高公众环境意识，培养公众的主体参与意识。首先应建立公众与地方生态环境部门的良好互动机制，促进公众深度参与环境治理，鼓励居民、社会组织等对环境问题开展监督和投诉。拓宽公民的参与渠道，听取公众的意见不应局限于听证会、讨论会和市长热线等，通过新媒体渠道建立电子政府、官方微信公众号和小程序等来拓宽公民参与环境治理的新渠道，不仅可以及时获取民意，还实现了政府与公民的双向互动式沟通，极大地提高了政府服务效率，有效推动环境问题的解决。其次，完善公众参与环境治理的保障制度，解决信息闭塞问题。日常生活中，公众较政府和企业更容易发现环境污染问题，监督制度的完善使公民可以即时进行举报和监督。要进一步提高环保部门工作的公开性与透明度，建立广泛的公开办事制度，便于群众监督环保部门的环境执法行为。对凭借个人力量参与环境治理的团体加大支持力度，并与其建立沟通合作制度，定期进行交流，建立合作伙伴关系。最后，促进意识与行动的统一，在实际生活中，公民虽然意识到环境治理的迫切性与重要性，也对环境治理持积极的支持态度，但却很少主动参与具体的环境保护活动。仅仅是意识层面的觉醒远远不能实现环境污染治理，学校及社会各界应将环保教育融入日常生活，不断提高公民的环境保护素养，从内心深处升华环境保护意识，形成正确的环保价值观，主动参与环境保护活动。

4.推动技术创新

鼓励企业采用环保设备和工艺，减少或消除污染物排放。环保设备主要是指针对"三废"的处理、降噪降耗和环境检测的设备等，设备的投入和清洁工艺的使用不仅可以保证企业的生产质量和效率，还可以从根本上减少污染物的排放并进行实时监控。加大绿色技术研发和应用，可以促进产业升级和清洁生产技术的推广。绿色技术的创新兼具经济、社会和生态效益，依托完善的绿色技术创新体系可以保障生态环境建设。绿色技术的创新可以推动高技术产业集聚，各产业独立的竞争优势和科技人才在产业集聚时将会产生知识溢出效益和显著的外部效应，吸引更多的科技人才和产业聚集在当前的产业集聚区，降低经济活动成本，扩大对科技创新项目的支持引导与经费投入，为环境治理提供创新方案和技术支持。

7.2.3　提升科技创新，加强科技创新与经济、环境的深度融合

提升科技创新，加强科技创新与经济、环境的深度融合对工业发展绿色转型具有重要的意义，科技创新可以提供绿色技术和解决方案，推动资源的有效利用和环境污染的减少。通过将科技创新与经济发展深度融合，可以实现工业生产过程的绿色化、循环化和低碳化，促进经济的可持续发展。绿色转型对企业来说不仅是一种责任，也是一种机遇。通过科技创新，企业可以开发出更节能、环保的产品和技术，提升产品质量和品牌形象，从而提高企业的竞争力。同时，绿色转型也可以降低企业生产成本和经营风险，提升企业的长期发展能力。科技创新对于绿色转型来说是关键驱动力。通过科技创新，可以培育新兴的绿色产业，创造更多的就业机会。绿色产业的发展不仅能提供绿色技术和产品，还能推动相关产业链的发展，为经济增长注入新的动力。传统工业发展模式往往伴随着环境污染和资源浪费，对人民生活质量和健康造成负面影响。通过科技创新，可以实现工业发展的绿色转型，减少环境污染和资源浪费，改善环境质量和人民生活质量。

1.提升科研投入产出与管理

当前我国经济发展由高速增长阶段转变为高质量发展阶段，科技创新是实现高质量发展的一种动力，研发投入是进行科技创新的基础和前提，更是体现科技创新活跃度最直接的指标之一。科研经费的投入要面向世界科技迁移前沿，面向经济主战场，针对国家重大需求。企业应加大科研投资，提供更多的资源和资金支持，关注在新能源材料，清洁能源与工艺，化石燃料技术方面的基础研发创新。实现工业的科技自主发展，就要把研发重心放在具有前瞻性、战略性和前沿性的基础研究上，着力解决"卡脖子"、短板技术等关键核心技术，摆脱当前创新发展受制于人的困境。将好的科技创新成果转变为现实生产力的过程是极其重要和复杂的过程，需要技术、市场和政策等多个领域的共同协作，只有这样才能使科技创新成果得到更好的推广和应用。党的二十大报告指出，要深化财政科技经费的分配和使用机制

改革，激发创新活力，提升科技投入效能。科研投入一般研究周期长、成效慢，所以针对科研经费的投入、分配、使用和监督环节的管理对提升科研投入经费的效能至关重要。科研经费的分配应合理化并保证稳定性支持力度，夯实基础，并发挥稳定性经费的杠杆作用，加大资源统筹配置力度，提升经费整体效益，确保科技研发项目的经济效益。经费预算要结合市场情况匹配价格，不断深化预算管理改革，强化预算硬约束，坚持目标导向和问题导向相结合，优化资源配置，推动系统化、集成式创新，实现重大科技项目立项、组织、实施、产出全链条管理。完善各类经费协调配置机制。鼓励科研人员积极争取企业和社会资本支持，确保与竞争性经费、企业资金和社会资本的有效衔接，构建资源配置机制，为科研人员提供更有利的条件。科研经费的使用应根据资源配置重点，建立分行业、分领域、分层次的核心绩效指标和标准体系，把实现最大化经费使用价值，深度融入绩效管理全过程，形成事前、事中、事后的绩效管理闭环系统。评价导向应坚持以质量、绩效和贡献为核心，建立全方位、全过程、全覆盖的科研绩效管理体系，结合实现程度和经济效益评估科研成果，关注评价过程中的问题与管理建议，为科研成功推广提供数据支持，构建全覆盖绩效管理体系。科研经费的监督应强化内控机制建设，明确科技成果的责任，扎实制度藩篱，坚持按制度管人管事管经费，全面梳理识别经费使用和内部管理风险点，实施岗位责任制和权力制约机制，形成严密科学有效的内控体系。整合监管资源，有效整合各类监督资源，互通信息、互认成果、互用资源，实现减量、提质、增效。加强财务信息化建设，以标准化为导向，坚持集团化方向，发挥财务信息化的基础作用，全面建成信息互认互通、共享共用的管理信息化系统，公开科研信息，将风险监测等先进管理理念付诸实践，提升监管科学化、规范化水平。

2.改进知识产权保护

知识产权保护是激发创新活力、支持实体经济创新改革的重要力量。强调知识产权的创造、保护、运用、管理和服务对中国的创新活力和高质量发展至关重要。在加强知识产权质量方面，应注重提质增效，增加专利维系年限，关注先进技术的发展。实现创新成果的权利化是知识产权保护的起点，也是市场价值的衡量基准。为此，应加快修订专利发明法、商标法、著作权法等法律法规，与民法典实现衔接，规范执法，严格司法，推动行政执法标准与司法裁判标准的协调统一，提高知识产权审判质量和效率。知识产权的运用与保护是知识变现的核心，要规范市场运作机制，推进知识产权金融建设，提升知识产权评估、交易、投融资等增值服务水平，加强知识产权公共服务体系建设，构建政府、市场、社会协同共治的知识产权保护格局。通过探索服务机制优化、投融资实践和知识产权费用优惠等方面的制度安排，支持困难企业和创新企业。在处理知识产权项目时，应根据实际情况利用现有规则，努力保障公众的健康福祉。健全知识产权保护体系，鼓励科技创新，并给予创新者合理回报，以激发科研人员和企业的创造活力。

3.促进产学研合作

产学研合作实现了科研、教育、生产不同社会分工在功能与资源优势上的协同与集成化，以产教融合为背景，从科研院和企业等不同主体的需求出发，将人才培养与社会需求有机融合，整合教育资源并推动科研院所与企业融合发展。促进产业界与高等教育机构、研究院所之间的合作，共同开展科研项目和技术转移，将科技成果更好地应用于实践。在实践环节中需要安排教师进入企业进行研修，借此机会了解企业发展的经营之路，促进教师实践能力的提升，并在研修结束展开考核，强化专业能力。学校应成立科研团队，在充分了解企业的生产工程和实际需求后集中科研资源，推进科研成果的转化和推广。企业积极为教育人才培养提供平台，将教育人才领入新技术领域。开发新产品有助于企业增强核心竞争力，实现企业与教育的同频共振，达到校企双方的共同发展。

4.创新创业环境优化

建立良好的创新创业环境，降低创业门槛，支持科技型企业的成长发展。不仅需要政策支持和资源投入，还需要良好的社会环境，多方合力共同营造良好的创新创业环境。政府出台的一些减税减费、简化手续、创业资金等政策以及提供创新孵化器和风险投资支持，为创业者减轻了负担并提供融资渠道。大量的技术和人才支持为创业者提供了专业的技术指导，推进了科技成果的转化以及创新创业项目的孵化，大量资源的有效整合，为创新创业者提供了可靠的支持。社会整体的创新文化氛围浓厚对创业者的创新热情起到了极大的鼓舞作用，鼓励创新者勇于尝试和冒险，积极的社会创新氛围有助于激发创业活力。随着市场的不断开放，创业者更容易接受国外先进技术和产品，促进了创新产业的融合交流和学习成长，并且巨大的竞争压力也迫使企业不断进行产品创新，提高市场竞争力。

5.激发人才创新活力

人力资本是实现创新活动，推动工业绿色转型的重要因素。要创新人才培育方式，抓紧完善科技人才培育服务体制机制，营造良好的人才发展环境，注重核心人才的划分与应用。实现针对产业关键性技术问题的先锋队、推动科技创新发展的中坚力量以及推进科技创新的种子选手的三大梯队发展，长久稳定地推进我国科技创新发展。发展团队合作，推进交叉学科发展，形成复合性技术人才队伍，集中优势力量攻关，探索科技创新人才互相培育模式，构建学术探讨交流平台，推动科技人才进行"横向交流"，助力科技人才成长。聚焦高层次的人才需求，加强成果转化人员的培育，提高服务企业能力，以企业和基层市场需求为导向，提高成果转化应用效率。开展具有针对性、指向性的科研培训活动，形成多层次、全方面的培训内容，提升科研人员的思想高度。助力科研任务，实行科研辅助制度，对科研助理实行培训和绩效政策，为科研团队提供专业化的辅助工作，减轻科研人员负担。

7.2.4 推动产业结构优化，加快产业结构转型

产业结构优化和产业结构转型在工业发展绿色转型中起着重要的作用。它们可以促进资源的有效利用、环境污染的减少以及经济的可持续发展。只有通过优化产业结构和实施转型，才能实现工业的绿色转型，实现经济、环境和社会的可持续发展。在不同的产业结构中，资源的利用率存在差异，通过优化产业结构和转型，可以调整各个产业的比重，使资源配置更为合理。同时，产业结构转型也可以推动产业间的协同发展，促进资源的共享和循环利用，减少资源的浪费和损耗。传统的工业发展模式往往以高能耗、高污染为特点，对环境造成严重的压力。通过产业结构优化和转型，可以引入更加环保的产业和技术，降低资源消耗和污染物排放水平，提高工业发展的绿色化水平。例如，发展清洁能源产业、推广节能减排技术等，都可以减少碳排放和空气污染。随着社会对环境保护和可持续发展的要求不断提高，只有符合绿色和可持续发展要求的产业才能持续获得市场竞争力。通过产业结构优化和转型，可以培育和发展具有竞争力的绿色产业，提升整个经济的可持续发展水平。

1.促进技术创新和升级

鼓励企业增加研发投入，提高技术水平，推动产业创新和引进先进技术，特别是要鼓励企业加大对绿色技术创新的投入。这样可以以技术进步为支撑，推动传统产业向高附加值、高效能的现代产业转型，推动新能源和清洁能源技术的发展，提高能源利用效率，减少资源消耗和环境污染。通过增加对科研机构的投入，积极参与技术创新和研发活动，推动技术的突破和创新，引进新技术、新工艺、新材料

等，可以提高生产过程中资源利用效率，减少环境影响。通过引入智能制造技术，实现生产过程的自动化和智能化。通过数据分析和优化，提高生产效率和资源利用效率，减少资源消耗和环境污染。另外，引导企业承担社会责任，企业应积极倡导环保理念，加强员工环保培训，提高员工环保意识。通过组织环保活动、开展公益项目等形式，激励员工参与环保行动，推动企业内部绿色转型。企业还可以积极参与行业协会、研究机构和政府部门组织的技术交流和合作活动，分享经验和最佳实践。通过与其他企业和相关机构的合作，共同推动技术创新和升级，推动工业发展的绿色转型。数字经济提供了很多创新的机会，可以通过数字技术与绿色技术的融合创新，推动绿色转型。例如，利用人工智能、物联网等技术提高能源利用效率，实现更精细化的生产过程，减少资源消耗和环境污染。总之，企业需要将绿色发展作为战略目标，并通过技术创新和升级来推动工业发展的绿色转型。除了加大科研投入和引进新技术，企业还应加强合作与交流，推动产业链的整体绿色转型。

2.加强产业政策引导

政府可以制定各种政策和措施来鼓励数字经济和技术创新，包括财税支持、资金扶持、减税政策等，鼓励工业企业进行绿色技术创新、推行环境友好的生产方式，并对符合绿色转型政策的企业进行奖励，引导企业向战略性新兴产业、高技术产业、绿色低碳产业等方向进行布局，促进产业结构的优化和升级。通过制定明确的环境保护目标和指标，例如，减少二氧化碳排放、提高能源利用效率等，供工业企业参考并制定相应的绿色转型策略。通过制定相关法律、法规和标准，明确绿色转型的要求和责任，并对不符合规定的企业进行处罚，提高企业的环保意识和行为。建立完善的环境信息公示平台，公开工业企业的环境数据和排放情况，加强对企业的监管。同时，政府可以建立监测体系，对工业企业的废弃物排放进行实时监测，及时发现和纠正问题。另外，政府可以加大对绿色技术研发的支持力度，鼓励企业进行绿色技术创新，并提供相应的资金支持和技术咨询服务，推动绿色技术在工业领域的应用和推广。通过以上措施，政府可以引导工业企业转变观念，加大环保投入，推动工业发展绿色转型，实现经济可持续发展。

3.建设创新创业生态系统

培育和建设创新创业生态系统，包括孵化器、科技园区、技术转移中心等，提供创新资源和创业环境，吸引和扶持创新创业企业，推动产业结构的转型和升级。数字经济的发展需要强大的基础设施支持，政府可以投资建设高速宽带网络和云计算中心，为创新创业提供良好的环境。政府可以设立创新基金，资助科技企业的研发项目，推动数字经济的发展和技术创新。同时，可以建立技术交流平台，促进不同企业之间的合作和共享。政府可以开展创业教育和培训活动，鼓励大学生和年轻人创业。此外，也可以提供创业孵化器和创投基金等支持措施，帮助初创企业快速成长。政府可以建立数字经济创新创业合作平台，促进企业、高校、科研机构之间的合作和交流。通过合作，可以加强创新能力，推动数字经济的发展和工业的绿色转型。通过以上措施，可以构建一个数字经济驱动下的创新创业生态系统，推动工业发展的绿色转型。同时，政府还应密切关注创新创业的需求和变化，不断优化政策和服务，为创新创业提供更好的支持和环境。

4.强化人才培养和引进

加大人才培养力度，培养适应新产业发展需求的高素质人才。同时，积极引进海外优秀人才和高层次人才，促进产业结构的转型和升级。数字经济需要大量的数字技术人才，包括数据分析师、人工智能工程师等。通过加强数字技术相关专业的培养，培养出更多有专业技能和绿色意识的人才。可以积极引进具有数字经济领域专业知识和技能的人才，加强与国际合作交流，吸收先进的绿色转型经验和技术。政府可以出台相关政策和鼓励措施，提供更好的培训环境、奖励机制和资金支持，鼓励企业和个人从事数字经济相关领域的工作。建立产业界、学术界和研究机构的合作平台，促进数字经济和工业绿色转型的结合。通过合作共享资源和开展研究，推动数字技术在工业领域的应用和绿色转型。数字经济领域的绿色转型需要创新思维和能力，可以通过开设创新创业培训课程、提供创新基金等方式，培养人才的创新能力，鼓励他们提出绿色转型的创新解决方案。与高校合作是培养数字经济人才不可或缺的一环，可以与高校合作开展数字经济专业的绿色转型研究，提供实践机会和岗前培训，以增加毕业生的就业竞争力和适应绿色转型的能力。总之，通过加强数字经济领域人才的培养和引进，可以推动工业绿色转型。政府、企业和高校等相关利益方应共同合作，制定相关政策和措施，建立合作平台，加强创新能力培养，从而培养出更多有绿色转型意识和技能的人才，促进工业向绿色转型发展。

5.加强产业合作和协同发展

鼓励企业间形成产业链、创新链、供应链协同发展的合作关系，提高整个产业的竞争力和创新能力。工业发展绿色转型需要整个产业链的支持和合作。各个环节的企业可以加强沟通交流，共同寻求绿色合作的机会。比如，原材料供应商和生产企业可以合作研发绿色材料和生产工艺，产品制造商和销售商可以合作推广绿色产品，使整个产业链都朝着绿色化方向发展。通过合作共享资源、互利共赢，推动产业结构的优化和升级。搭建数字经济产业联盟，将相关企业、研究机构、政府机构等纳入其中，通过合作共享资源、交流经验和信息，推动产业间的合作和协同发展，寻找绿色转型的共同利益点。不同行业和领域之间可以建立合作联盟、产业联盟或研发机构，共同研究和推动绿色技术、绿色产品和绿色服务的发展。这样可以实现资源共享、技术互补和经验共享，加快工业绿色转型的步伐。鼓励企业与研究机构、高校合作，建立产学研联合创新平台，共同开展绿色技术研究和开发，加速科技成果转化为实际生产力。通过联合研发和技术合作，加强企业间的合作，共同解决绿色转型中的关键技术难题。

可以建立开放的创新平台，为企业提供资源和支持，促进创新成果的转化和应用。企业与供应商和合作伙伴共同建立绿色供应链，要求供应商产品符合环保标准，可以推动绿色产品的开发和应用。通过整合上下游产业链的资源和力量，共同推进技术创新和升级，实现产业链整体绿色转型。通过数字化技术的应用，促进供应链各环节之间的协同发展，实现资源的更加高效利用和生产过程的优化。可以建立数字化供应链平台，实现供应链各环节的信息共享和协同管理，提高绿色转型的整体效能。政府应加强对数字经济产业发展的引导和协调，明确政策导向和发展目标，推动产业间的合作和协同发展。政府可以提供政策支持、资金支持等，鼓励企业间的绿色转型合作。建立数字经济的信息共享平台，促进企业间的信息交流与合作。同时，建立智库机构，为政府和企业提供数字经济发展和绿色转型的政策研究和咨询服务。通过以上措施，可以促进数字经济与工业绿色转型的产业合作和协同发展。政府、企业、研究机构等相关利益方应共同努力，充分利用数字经济的优势，加强合作与沟通，共同推动工业朝着更加环保和可持续的方向转型。

7.2.5 科学开发、利用新能源

科学开发、利用新能源在工业发展绿色转型中扮演着重要的角色。新能源是指以可再生能源为基础的能源，如太阳能、风能、水能等，与传统能源相比，新能源具有更低的碳排放、更长的使用寿命和更广泛的应用领域。传统能源，如煤炭、石油等，不仅供应不稳定，而且排放大量的温室气体，对环境造成较大的污染。而新能源具有相对较低的排放量，可以有效减少工业生产过程中对环境的影响。例如，利用太阳能板和风力发电机替代传统的燃煤发电厂，可以显著降低电力生产过程中

的碳排放和空气污染。其次，新能源的利用效率相对较高，能够更有效地转换为电力或热能等形式，提供给工业生产所需的能源。相比之下，传统能源的转换效率较低，能源转化过程中存在能量的损耗。通过利用新能源，可以降低工业生产过程中的能源消耗，提高能源利用效率，从而降低生产成本，促进工业的可持续发展。此外，新能源的利用还可以推动工业技术革新和创新。新能源的开发和利用技术要求不断创新和提高，这也促使工业企业在新能源的利用过程中进行技术研发和创新，提升企业的竞争力。例如，在太阳能光伏行业，不断研发高效的太阳能电池技术和光伏组件制造技术，可以提高太阳能电池的转换效率和降低制造成本，推动太阳能光伏的广泛应用。由此可见，科学开发利用新能源在工业发展绿色转型中的作用是多方面的，新能源的广泛应用将为工业发展提供可持续发展的基础，减少对环境的负面影响，推动经济的绿色增长。

1.减少二氧化碳排放

与传统的化石能源相比，新能源的利用可以大幅减少二氧化碳等温室气体的排放，从而降低空气污染和气候变化的风险。新能源技术的发展和成熟使其利用成本逐渐降低，与传统能源相比更具竞争力。通过利用新能源，工业领域可以降低能源采购成本，提高企业竞争力。新能源的利用可以促进产业结构的调整和工艺技术的创新，推动循环经济的发展。例如，利用太阳能光伏发电可以为工业提供清洁电力；利用风能和水能可以推动可再生能源的发展，降低对非可再生能源的依赖。新能源的利用需要相关的技术支持和设备研发，这将促进工业技术的创新和升级，推动企业的技术进步和竞争力提升。

同时，新能源的开发和利用需要一系列的生产、施工和运营等环节，这将创造大量的就业机会，为工业发展提供劳动力支持。

2.投资研发和技术创新

增加对新能源技术研发的投入，推动科学家、工程师和企业家共同努力，开展前沿科研和技术创新。这样可以提高新能源技术的利用效率、可靠性和企业竞争力。政府和企业应当增加对新能源研发和技术创新的投资。通过提供更多的资金，可以推动研发机构和企业开展更多的研发活动，并加快新能源技术的商业化进程。此外，政府还可以提供税收激励措施，鼓励企业增加对新能源的投资。政府、科研机构和企业应当加强合作，共同开展新能源技术的研发和应用。通过建立联合研究中心、开展合作项目等方式，可以集中各方优势，加快技术创新的进程。政府应当出台相关政策，鼓励企业增加对新能源技术的投资。例如，可以提供补贴和奖励措施，减轻企业的研发成本和降低研发风险。同时，政府还可以设立专项基金，用于支持新能源技术的研发和应用。加强对相关专业人才的培养和培训，提高其在新能源领域的技术水平和创新能力。通过设立相关专业课程和研究机构，可以培养更多的专业人才，为绿色转型提供人力资源支持。推动工业发展绿色转型需要不断进行技术创新，政府和企业应当鼓励员工参与创新活动，并提供相应的激励机制和创新资源支持。此外，加强知识产权保护，确保创新成果的合法权益，也是推动技术创新的重要保障。通过以上措施的实施，可以加强对新能源的投资研发和技术创新，推动工业发展绿色转型，实现经济可持续发展的目标。

3.加强新能源产业链建设

从新能源的采集、转换、传输到应用等多个环节，加强产业链的建设。例如，发展太阳能光伏产业链、风能发电产业链、生物能源产业链等，促进新能源产业的整体发展和壮大。利用物联网、云计算、大数据等数字技术，对新能源产业链中的生产、储能、输配等环节进行数字化改造，提高生产效率，降低能源消耗。鼓励新能源企业与互联网、人工智能等数字经济领域的企业合作，共同开展绿色能源供应链、能源互联网等创新项目，推动产业链的数字化升级。建立数字平台，整合新能源产业链上的各个环节，实现信息的共享和资源的优化配置，促进企业之间的合作与交流，提高整个产业链的协同效应。加大对数字经济和新能源产业链的金融支持力度，鼓励投资和创新，为企业提供贷款、风险投资等金融服务，推动产业链的快速发展。制定相应的政策，促进数字经济和新能源产业链的发展，加大对绿色转型的支持力度，鼓励企业进行技术创新和绿色发展，为企业提供稳定可靠的市场环境。

4.引导消费者意识和行为改变

加强对新能源的宣传和推广，提高消费者对新能源的认知和接受度。通过价格激励、政策引导等方式，鼓励消费者选择和使用新能源产品和服务，推动市场需求的增长。通过广告、宣传活动、教育课程等方式，向消费者传递并宣传新能源的重要性和优势，增加他们对新能源的认识和了解。通过政策性奖励、补贴等方式，鼓励消费者使用新能源产品。例如，给予购买新能源汽车的消费者一定的汽车购置税减免。通过建立一些成功的示范项目，向消费者展示新能源在工业发展中的应用和效果，激发消费者的兴趣和信心。通过研发新能源产品，提高其性能和可靠性，使其更适合工业使用。同时，加强与消费者的沟通与合作，了解他们的需求，制定更符合市场需求的新能源产品。鼓励企业使用先进的能源管理系统和监测设备，帮助他们实时监测能源消耗情况，找出节能减排的潜力，并制定相应的措施。促进政府、企业、学术机构和消费者之间的合作和经验共享，通过共同努力，推动工业发展绿色转型。完善可再生能源市场体系，降低可再生能源的成本，提高其市场竞争力，吸引更多消费者选择新能源产品。通过以上措施，可以引导消费者意识和行为改变，进而推动工业发展绿色转型，实现经济可持续发展的目标。

7.2.6 制定碳减排战略，促进低碳转型

制定碳减排战略对于工业发展绿色转型具有重要意义。在全球范围内，对碳排放的关注不断增加，许多国家和地区纷纷出台相关政策，并采取措施促进低碳经济的发展。制定碳减排战略，推进低碳转型，不仅能够满足国际市场对低碳产品的需求，还能够获得相关政策的支持和市场优势。全球气候变化给人们带来了许多灾害和风险，已经成为全球关注的重大问题。制定碳减排战略，促进低碳转型，是应对气候变化和降低相关风险的重要举措。碳减排可以促使工业企业采取低碳技术和清洁能源，在生产过程中减少温室气体的排放，减少对环境的污染，为可持续发展提供坚实基础。低碳转型可以提高工业企业在国际市场上的竞争力。碳减排战略的制定可以鼓励企业通过技术创新，提高资源利用率和能源效率，减少碳排放。这将推动工业企业进行技术研发和转型升级，促进科技创新，培育和壮大高新技术产业，推动产业结构升级和转型升级。碳减排战略的实施将减少大气污染物和温室气体的排放，改善环境质量，保护生态系统。这对于提升人民群众的生活质量、保护生态环境、促进可持续发展具有积极意义。因此，制定碳减排战略，促进工业发展绿色转型，既符合可持续发展的需要，也能够增强企业竞争力，并提高环境质量，降低气候变化风险，具有重要的意义和价值。

我国碳减排政策经过不断调整，当前，努力实现2030年碳达峰和2060年碳中和是我国碳减排的主要目标，推动"双碳"目标顺利实现在我国未来数十年发展中的重要性显而易见。但是，我国碳排放量基数大，实现"双碳"目标时间短，同时还需要保持经济持续健康发展，所以"双碳"目标面临巨大的挑战。本书从国际和国内两个方面，提出切实可行的合理建议，助推我国"双碳"目标顺利实现，推动我国工业发展绿色转型。

1.政策指导

在国家层面上，需要进一步修订气候变化应对的法律法规，确保其更具战略性和前瞻性。这涉及在法规中明确定义长期碳减排目标，并设定相应的时间表，以确保实施的可持续性和有效性。此外，法规还应当包含切实可行的措施和激励机制，以鼓励各行业积极采取低碳技术和清洁能源，推动整体碳排放的降低。为了更好地协调各级政府和相关部门的行动，需要建立健全的管理机制。这包括明确各地方部门在应对气候变化方面的具体职责和分工，确保协同合作，避免重复努力和资源浪费。此外，为了及时响应气候变化的情况，应当加快建立碳排放预警体系，提高对碳排放形势的分析和对应决策的支持能力。尽管我国的低碳政策在不断发展和强化，政策体系已初步建立，但仍需注意政策的延伸深度和广度。特别是在产业结构政策方面，需要更加注重深化改革，促使各行业逐步向低碳方向发展。这可能涉及技术研发支持、税收激励和市场机制的进一步完善，以更好地推动产业结构的绿色升级。碳中和政策体系虽然已初步建立，但在进一步完善方面还存在空间。在政策实施中，需要更注重细化具体的措施和指标，并加强监测和评估机制，确保政策的实施效果能够持续产生积极的环境和经济效益。与此同时，也需要鼓励企业和公众积极参与，形成全社会共同应对气候变化的合力。

2.技术攻克

为实现更为雄心勃勃的节能减排目标，我国必须积极应对煤炭资源丰富、石油稀缺、天然气短缺的现状，同时保持以燃煤发电为主的能源结构（截至2019年，占比为65%）。在这一挑战重重的情境下，攻克技术难题、增加科技投入成为势在必行的任务。首先，为了不断提升节能减排技术，我们需要不遗余力地寻找替代能源。推动可再生能源的发展，如风能、太阳能、水能等，将是转型过程中的关键一步。此外，积极鼓励重点行业，尤其是工业和建筑业，加强节能减排措施，采用高效能源利用技术，实现能源消耗的最小化。这不仅可以减缓对传统能源的过度依赖，还有助于推动绿色产业的崛起。其次，关注尚未成熟的碳捕捉、利用和封存技术至关重要，并需要积极推动其产业化。这项技术有望在减轻二氧化碳排放方面发挥关键作用，通过将二氧化碳从排放源中捕捉出来，然后进行利用或封存，以减少其对大气的负面影响。这一领域的研究和发展，不仅将为全球实现减排目标提供新途径，同时也将推动我国在科技创新领域的国际竞争力。在整个过程中，增加科技投入是确保取得实质性进展的关键。政府、企业和科研机构应该加强合作，形成技术创新的联合力量，共同攻克能源转型中的关键问题。同时，建立激励机制，鼓励企业投资于研发和采用新技术，将成为推动能源结构升级的有力保障。通过综合应用以上措施，我国将更有可能成功实现"双碳"目标，既为国内经济发展注入新的动力，又为全球环保事业作出积极贡献。

3.资金支持

为了有效实施碳减排目标，必须在我国建立健全的绿色金融体系，并推动市场价格化。除技术支持之外，碳减排需要大规模的资金投入。通过政策引导，将资金导向绿色产业和服务，促使更多社会资本参与碳减排成为至关重要的任务。然而，目前我国的绿色金融体系仍然处于初级阶段，政策框架不够完善，资金投入相对有限，而市场价格机制也不够明显。因此，需要采取一系列措施来加强绿色金融的支持体系。首先，应当加大对低碳产业的资金支持，通过设立专项基金或提供贷款等方式，引导资金流向碳减排技术创新和推广领域。同时，明确绿色金融标准，将碳中和作为定义标准，以推动资金向低碳、环保型企业倾斜。在政策方面，应当完善信息披露制度，强化监管机制，确保绿色金融的透明度和合规性。其次，为打破垄断，需要培育多元主体参与新能源领域。通过开放市场，吸引更多私营企业、社会资本等多元主体参与，推动新能源市场的竞争与创新。此外，应当促进价格市场化，充分发挥市场调节价格的作用，确保价格能够灵敏反应市场需求和资源供给。目前，新能源产业链发展迅猛，但也伴随着一些问题，因此政府需要强化监管。科学合理的定价是保持市场稳健运行的关键，需要通过宏观调控手段以确保价格能够灵敏地反映市场变化。同时，逐步开放竞争性环节和领域，形成多元主体参与的市场格局，推动整个产业链的发展。

4.国际体系

为提升中国在国际碳减排治理中的影响力，需要更加积极主动地调整碳减排政策，以确保其在实际效果上取得显著成果。碳减排治理不仅关乎全球环境改善，更牵涉全球政治经济竞争的大局，以及推动全球技术革命和能源转型的重要性。为维护国家利益，中国应当持续加强碳减排治理的实际效果，不仅在国内推动可持续发展和绿色经济，同时在国际层面提升在碳减排治理机制中的话语权。积极参与全球气候峰会是其中的一个关键步骤，通过发表代表本国利益的立场，与其他国家建立坦诚合作的基础，形成更具说服力和合作性的国际合作机制。在国际层面，中国可以充分利用全球碳减排治理机制，加强与各国在节能减排领域的合作。通过形成

"意愿集团"，即与那些具有相似目标和利益的国家建立更紧密的合作关系，中国可以在全球范围内推动碳减排行动的联合实施。这种集体行动不仅可以提高合作力度和投入，还有助于形成更具规模效应的碳减排成果，为全球环境治理作出积极贡献。此外，中国还可以通过与其他国家建立新型合作伙伴关系，共同推动技术创新和能源转型升级。这包括在清洁能源、绿色技术研发、碳捕捉利用与封存等方面展开更深入的合作，共同应对全球气候变化挑战。这样的国际合作不仅有助于中国在碳减排领域取得更大的影响力，也有助于构建全球范围内的绿色合作共同体。总体而言，中国在国际碳减排治理中的影响力提升需要更加积极地参与国际合作，调整碳减排政策以提高实际效果，并以建设性的方式推动全球气候变化治理。通过这些努力，中国有望在全球环境事务中发挥更为重要的作用。

5.大国担当

碳减排已经成为中国与各国战略合作的关键议题之一，迎合了全球气候治理的浪潮。中国在这一进程中与发展中国家形成了"意愿团体"，通过高层对话和联合声明，加强了与美国、欧盟、印度等国的合作。在全球气候治理的舞台上，中国不仅在共建"一带一路"倡议下扩大了影响力，与欧盟的贸易量也不断增长，已经成为欧盟最大的贸易伙伴之一。中美联合宣言中强调加强在碳减排领域的合作，使中国在大国引领方面具备更强的领导力。未来，中国应当坚持共同发展理念，与各国进一步加强碳减排治理合作，建立更加牢固的战略伙伴关系。这包括加强对绿色产业链的资金和技术投入，通过共同努力实现各国的共同发展目标。全球碳减排治理不仅是环境问题，更涉及全球能源产业结构的调整和政治经济角力。中国肩负着大国责任，应当积极推动全球碳减排治理机制的深入发展。中国的制造业发展是一个重要支撑，通过推动低碳节能减排，可以助力中国制造业升级，促进经济增长。在实现"双碳"目标的过程中，中国新能源产业逐渐盈利，形成了全产业链的发展格局。中国可以通过加强与欧美等大国的合作，学习更先进的技术，进一步提高自身的产业水平。同时，中国应当真诚地与中小发展中国家合作，分享碳减排经验和技术，共同推动各国实现共同富裕和高质量发展。通过这样的国际合作，中国不仅能够在碳减排领域取得更多实质性的成果，也将在全球气候治理中发挥更为积极的作用。

参考文献

本报评论员，2023.在构建现代化产业体系中加快绿色转型[N].襄阳日报，08-07（001）.

蔡玲，汪萍，2022.数字经济与城市绿色全要素生产率：影响机制与经验证据[J].统计与决策，38（9）：11-16.

曹正勇，2018.数字经济背景下促进我国工业高质量发展的新制造模式研究[J].理论探讨（2）：99-104.

曾刚，陆琳忆，何金廖，2021.生态创新对资源型城市产业结构与工业绿色效率的影响[J].资源科学，43（1）：94-103.

陈梦根，张鑫，2022.中国数字经济规模测度与生产率分析[J].数量经济技术经济研究，39（1）：3-27.

陈文君，梅凤乔，2022.资源型城市工业绿色转型效率的时空演变及驱动因素研究[J].生态经济，38（11）：78-87.

陈晓东，杨晓霞，2021.数字经济发展对产业结构升级的影响：基于灰关联熵与耗散结构理论的研究[J].改革（3）：26-39.

陈艳春，韩伯棠，周颖，2019.绿色技术创新驱动经济转型的策略研究[J].河北经贸大学学报，40（3）：94-100.

程丹亚，曾刚，2023.长三角区域绿色技术创新对工业二氧化碳排放影响的空间效应研究[J].长江流域资源与环境，32（6）：1152-1164.

崔小杰，2023.碳排放权交易政策、技术变革与钢铁企业绿色转型[J].财会通讯（20）：76-80.

戴翔，杨双至，2022.数字赋能、数字投入来源与制造业绿色化转型[J].中国工业经济（9）：83-101.

邓峰，任转转，2021.信息网络、高技术产业集聚与工业绿色转型[J].经济经纬，38（3）：76-85.

董秋云，2017.供给侧结构性改革背景下的制造业绿色转型路径探讨[J].生态经济，33（8）：129-133.

董媛香，张国珍，2023.数字基础设施建设能否带动企业降碳绿色转型？：基于生产要素链式网状体系[J].经济问题（6）：50-56.

方敏，杨胜刚，周建军，等，2019.高质量发展背景下长江经济带产业集聚创新发展路径研究[J].中国软科学（5）：137-150.

方齐云，许文静，2017.新型城镇化建设对绿色经济效率影响的时空效应分析[J].经济问题探索（10）：64-72.

冯曦明，龙彦霖，2022.数字经济能否助推工业绿色转型？：基于PSDM及PTR模型的实证研究[J].财会研究（8）：72-80.

冯星宇，曾光辉，韩平，2022.政府转型、信用治理与工业绿色发展[J].技术经济，41（5）：73-84.

傅立海，张振鹏，2022.数字经济的典型发展模式、全球动向及中国探索[J].东南学术（6）：220-226.

傅为忠，黄小康，2016.基于DEA-Tobit模型的工业绿色转型测评及其影响因素研究：以长三角地区为例[J].管理现代化，36（1）：112-114.

高星，李麦收，2023.数字经济赋能经济绿色发展：作用机制、现实制约与路径选择[J].西南金融（2）：31-43.

龚小波，2015.湖南省老工业城市绿色转型的路径探索[J].湖南社会科学（1）：152-154.

顾鸿儒，2023.中国数字经济呈六大发展趋势[N].国际商报，05-24（005）.

郭克莎，田潇潇，2023.加快我国工业发展方式绿色转型：成效、挑战与路径[J].经济纵横（1）：8-16.

韩健，李江宇，2022.数字经济发展对产业结构升级的影响机制研究[J].统计与信息论坛，37（7）：13-25.

韩晶，陈曦，冯晓虎，2022.数字经济赋能绿色发展的现实挑战与路径选择[J].改革，（9）：11-23.

韩先锋，郑酌基，尹玉平，等，2023.创新驱动政策、政府环保注意力与绿色高质量发展：来自国家自主创新示范区的证据[J/OL].软科学.（08-08）.https://link.cnki.net/urlid/51.1268.g3.20230808.1432.008.

何雄浪，史世姣，2021.人口流动、环境规制与城市经济高质量发展[J].财经科学（12）：78-91.

侯建，白婉婷，陈建成，等.能源强度对工业绿色转型的影响：创新效应视角[J].系统管理学报，31（4）：737-745.

胡书芳，2016.浙江省制造业绿色发展评价及绿色转型研究[J].中国商论（16）：139-

142.

胡张林，张水平，2022.绿色金融驱动我国工业转型的效率评价的研究[J].安徽职业技术学院学报，21（1）：45-51.

黄成，吴传清，2021.长江经济带工业发展绿色转型与生态文明建设的协同效应研究[J].长江流域资源与环境，30（6）：1287-1297.

黄虹，许祺，2017.人口流动、产业结构转变对上海市绿色GDP的影响研究[J].中国软科学（4）：94-108.

黄宗彦，梅宏，2022.加快推进各行业数字化转型，提高传统产业绿色发展水平[N].每日经济新闻，12-27（005）.

贾一丹，2023.税收政策、融资约束与企业绿色发展[J].经济问题（9）：37-43.

姜楠，刘喜华，2022.绿色投资对工业转型升级的影响研究[J].青岛大学学报（自然科学版），35（1）：124-128.

焦帅涛，孙秋碧，2021.我国数字经济发展对产业结构升级的影响研究[J].工业技术经济，40（5）：146-154.

孔芳霞，刘新智，2023.数字经济发展对工业绿色转型的影响研究：基于中国城市的经验证据[J].软科学，37（4）：27-35.

蓝庆新，韩晶，2012.中国工业绿色转型战略研究[J].经济体制改革（1）：24-28.

李斌，彭星，欧阳铭珂，2013.环境规制、绿色全要素生产率与中国工业发展方式转变：基于36个工业行业数据的实证研究[J].中国工业经济（4）：56-68.

李春梅，沈文科，苏颖喆，2023.黄河流域限制开发区的绿色发展效率及其影响因素[J].中国人口·资源与环境，33（8）：157-165.

李婉红，李娜，2023.绿色技术创新、智能化转型与制造企业环境绩效：基于门槛效应的实证研究[J].管理评论（11）：90-101.

李文国，刘亮坤，2023.数字经济、高等教育人力资本与区域创新绩效[J].开发研究（4）：63-71.

李晓阳，赵宏磊，王思读，2019.劳动力流动的"新结构红利"假说存在与否？：基于人力资本的门槛回归[J].华东经济管理，33（4）：5-11.

李晓钟，吴甲戍，2020.数字经济驱动产业结构转型升级的区域差异[J].国际经济合作（4）：81-91.

李新安，2021.环境规制、政府补贴与区域绿色技术创新[J].经济经纬，38（3）：14-23.

李煜华，袁亚雯，2021.碳中和目标下制造业绿色转型机制研究：基于ISM-

MICMAC 模型 [J].管理现代化，41（6）：100-104.

李云燕，殷晨曦，2017.绿色发展背景下的京津冀大中型城市产业转型模式研究[J].
环境保护，45（4）：33-39.

梁超，2013.垂直专业化、人力资本与我国的技术创新能力：基于工业行业动态面板
的实证研究[J].产业经济研究（2）：65-73.

梁琦，肖素萍，李梦欣，2021.数字经济发展、空间外溢与区域创新质量提升：兼论
市场化的门槛效应[J].上海经济研究（9）：44-56.

梁树广，冯倩倩，臧文嘉，2023.数字经济驱动工业绿色发展的机制与效应研究[J].
现代管理科学（3）：151-162.

廖信林，杨正源，2021.数字经济赋能长三角地区制造业转型升级的效应测度与实现
路径[J].华东经济管理，35（6）：22-30.

林宇豪，陈英葵，2020.数字经济与产业结构升级：基于要素流动视角下的空间计量
检验[J].商业经济研究（9）：172-175.

刘军，杨渊鋆，张三峰，2020.中国数字经济测度与驱动因素研究[J].上海经济研究，
381（6）：81-96.

刘亮，刘军，李廉水，等，2021.智能化发展能促进中国全球价值链攀升吗?[J].科学
学研究，39（4）：604-613.

刘淼，2021.长江经济带城镇化建设对城市生态效率的影响研究[D].南昌：江西财经
大学.

刘深，2022.数字技术对我国工业绿色转型的赋能效应及其地区异质性分析[J].桂海
论丛，38（2）：64-71.

刘新智，朱思越，周韩梅，2022.长江经济带数字经济发展能否促进区域绿色创新[J].
学习与实践（10）：21-29.

卢强，吴清华，周永章，等，2013.广东省工业绿色转型升级评价的研究[J].中国人
口·资源与环境，23（7）：34-41.

吕知新，包权，任龙梅，等，2021.数字金融能够促进工业经济绿色转型发展吗？：
基于规模以上工业企业数据经验分析[J].科技管理研究，41（24）：184-194.

吕子苑，2023.数字经济对产业结构升级的影响：以碳排放为中介变量[J].商业经济
研究（14）：98-102.

马光菊，2023.人力资本结构高级化、技能溢价与流通产业升级[J].商业经济研究
（14）：34-37.

毛明晨，李晓林，2023.如何促进我国数字经济的健康可持续发展[J].互联网周刊（14）：70-72.

莫靖聪，张景新，2023.乡村振兴背景下发展数字经济赋能油茶产业转型升级路径研究[J].商业经济（9）：59-62.

彭薇，熊科，李昊，2020.环境分权、技术创新与中国工业产业绿色转型：基于省域空间面板的实证研究[J].当代经济管理，42（10）：54-60.

彭星，李斌，2015.贸易开放、FDI与中国工业绿色转型：基于动态面板门限模型的实证研究[J].国际贸易问题（1）：166-176.

彭影，李士梅，2023.创新与低碳政策的绿色经济转型效应：基于数据要素流动环境视角[J].当代经济管理，45（8）：69-79.

齐亚伟，2018.节能减排、环境规制与中国工业绿色转型[J].江西社会科学，38（3）：70-79.

秦书生，2009.基于工业生态系统的循环经济发展模式探析[J].科技管理研究，29（12）：378-380.

秦晓鹏，2023.基于大数据背景下的数字经济发展分析[J].现代商业（7）：47-50.

任保平，贺海峰，2023.中国数字经济发展的空间分布及其特征[J].统计与信息论坛，38（8）：28-40.

任嘉敏，郭付友，赵宏波，等，2023.黄河流域资源型城市工业发展绿色转型绩效评价及时空异质性特征[J].中国人口·资源与环境，33（6）：151-160.

尚娟，王珍梦，2023.数字经济赋能绿色经济发展的效应研究[J].生态经济，39（3）：47-56.

邵军，施震凯，朱俊明，2020.进口贸易与中国城市的绿色转型发展：基于绿色全要素生产率的研究[J].国际贸易问题（12）：51-64.

沈运红，黄桁，2020.数字经济水平对制造业产业结构优化升级的影响研究：基于浙江省2008—2017年面板数据[J].科技管理研究，40（3）：147-154.

石磊，2008.工业生态学的内涵与发展[J].生态学报（7）：3356-3364.

宋敏，2023.数字经济、知识流动与企业创新绩效[J].技术经济与管理研究（8）：39-44.

宋晓娜，张峰，2019.高质量发展下工业发展质量测度及趋势研究[J].软科学，33（12）：36-41.

孙海波，刘忠璐，2019.OFDI逆向技术溢出促进中国工业绿色转型了吗：来自中国省级面板数据的经验证据[J].国际贸易问题（3）：161-174.

孙志红，邓鑫懿，张丽，2024."双碳"背景下绿色技术创新与能源消费的非线性动态关联效应：基于新疆14地州市的探讨[J].生态经济（4）：55-62.

汤慧兰，孙德生，2003.工业生态系统及其建设[J].中国环保产业（2）：11-13.

唐健雄，陕颖颖，蔡超岳，2023.人口迁移对绿色发展水平的影响研究：基于省际面板的空间杜宾模型分析[J].调研世界（8）：79-88.

汪明月，李颖明，王子彤，2022.工业企业绿色技术创新绩效传导及政府市场规制的调节作用研究[J].管理学报，19（7）：1026-1037，1091.

汪行，2019.中国区域能源效率测度及其影响因素研究[D].北京：中国矿业大学.

王兵，唐文狮，吴延瑞，等，2014.城镇化提高中国绿色发展效率了吗?[J].经济评论（4）：38-49，107.

王京滨，乔慧玲，2022.人力资本水平、产业结构转型升级与城市经济韧性：基于中国城市面板PVAR模型分析[J].技术经济与管理研究（10）：80-86.

王军，朱杰，罗茜，2021.中国数字经济发展水平及演变测度[J].数量经济技术经济研究，38（7）：26-42.

王磊，惠施敏，2019.国际产能合作视角下的中国工业发展绿色转型研究[J].生态经济，35（2）：53-60.

王艳秋，胡乃联，苏以权，2012.我国资源型城市绿色转型能力评价[J].技术经济，31（5）：72-76.

王阳，郭俊华，2023.数字基础设施建设能否推动工业绿色转型发展？：基于"宽带中国"战略的准自然实验[J].经济问题探索（8）：1-18.

王轶群，2022.税收优惠对高耗能企业绿色技术创新的影响研究[D].长春：吉林大学.

魏建，黄晓光，2021.中国环境财政政策组合推动工业发展绿色转型的作用机制研究[J].中山大学学报（社会科学版），61（2）：166-175.

魏丽莉，侯宇琦，2023.数字经济赋能绿色发展：理论变革、内在逻辑与实现路径[J].陕西师范大学学报（哲学社会科学版），52（3）：94-106.

吴滨，杨洁，2022.增强工业绿色转型动力[J].经营管理者（11）：23.

吴卫红，杨帆，张爱美，等，2023.数字化技术转型、数字化治理能力与制造业企业绿色转型升级：基于数字化赋能理论的作用机制研究[J].科技进步与对策，40（12）：32-41.

西奥多·舒尔茨，1992.论人力资本投资[M].吴珠华，等译.北京：北京经济学院出版社.

习近平，2022.不断做强做优做大我国数字经济[J].求是（2）：4-8.

夏杰长，袁航，2023.数字经济、要素市场化与中国产业结构转型升级[J].广东社会科学（4）：17-27.

肖旭，戚聿东，2019.产业数字化转型的价值维度与理论逻辑[J].改革（8）：61-70.

肖滢，卢丽文，2019.资源型城市工业发展绿色转型发展测度：基于全国108个资源型城市的面板数据分析[J].财经科学，378（9）：86-98.

肖远飞，姜瑶，2021.数字经济对工业绿色生产效率的影响研究[J].现代管理科学（8）：100-109.

谢九英，2023.统一大市场背景下人口要素流动对绿色全要素生产率的影响：基于2017—2021年长江经济带省域数据分析[J].商业经济研究（11）：176-179.

邢会，贾胤婕，陈园园，2022.开放式创新驱动制造业绿色转型了吗：一个有调节的中介效应模型[J].科技进步与对策，39（24）：40-49.

徐昊，2022，马丽君.数字经济、资源依赖与绿色经济发展[J].金融与经济（1）：45-54.

徐清源，单志广，马潮江，2018.国内外数字经济测度指标体系研究综述[J].调研世界，302（11）：52-58.

徐文成，毛彦军，2022.环境规制的工业绿色转型效应评价：基于中介效应模型的实证分析[J].活力（9）：58-60.

徐远华，孙早，2021.中国工业加速创新的新机制：基于人力资本分工和协同的研究视角[J].经济学报，8（1）：29-82.

杨新铭，2017.数字经济：传统经济深度转型的经济学逻辑[J].深圳大学学报（人文社会科学版），34（4）：101-104.

杨学军，2015.技术创新与中国工业绿色转型：理论、测算与实证分析[D].长沙：湖南大学.

杨喆，陈庆慧，李涛，2022.环境规制与工业绿色转型升级：基于规制异质性和执行力度视角的分析[J].重庆理工大学学报（社会科学），36（4）：41-54.

姚璐，王书华，王小腾，2023.数字赋能中国经济绿色转型研究：基于"宽带中国"试点政策的准自然实验[J].中南财经政法大学学报（2）：131-145.

姚正海，姚佩怡，2023.数字技术驱动长三角文化产业转型升级的作用机制与影响效应研究[J].南通大学学报（社会科学版），39（4）：32-44.

叶雅倩，2022.我国企业数字化转型助推绿色发展研究[D].上海：上海财经大学．

于伟，张鹏，2016.城市化进程、空间溢出与绿色经济效率增长：基于2002—2012年省域单元的空间计量研究[J].经济问题探索（1）：77-82.

袁瀚坤，韩民春，2023.数字经济发展与贸易结构转型升级：来自中国微观企业层面的经验证据[J].国际经贸探索，39（8）：21-39.

翟淑萍，韩贤，毛文霞，2022.数字经济发展能提高企业劳动投资效率吗[J].当代财经（1）：78-89.

张伯超，沈开艳，2018."一带一路"沿线国家数字经济发展就绪度定量评估与特征分析[J].上海经济研究（1）：94-103.

张晨，2011.我国资源型城市绿色转型复合系统研究[D].天津：南开大学．

张海霞，林同智，2023.数字经济发展对绿色经济绩效的影响及空间关联性分析[J].商业经济研究（16）：112-115.

张晖，2023.数字普惠金融与工业经济绿色转型探析[J].现代工业经济和信息化，13（6）：31-33.

张辉，2022.抓住数字经济发展机遇 打造我国数字经济新优势[J].中国党政干部论坛（3）：40-43.

张瑾华，陈强远，2021.碳中和目标下中国制造业绿色转型路径分析[J].企业经济，40（8）：36-43.

张林，徐婧，2023.环境税、绿色创新与企业绩效[J].商业会计（6）：27-31.

张新宇，翟璐，2023.数字经济、区域创新与工业绿色转型问题研究：基于我国30个省份面板数据分析[J].现代工业经济和信息化，13（6）：4-7.

张杨勋，2022.绿色创新对工业企业空气污染治理绩效的影响：以SO_2为例[J].科技管理研究，42（24）：192-197.

张于喆，2018.数字经济驱动产业结构向中高端迈进的发展思路与主要任务[J].经济纵横（9）：85-91.

张喆，汪浩瀚，2022.低碳试点政策提高了工业绿色全要素生产率吗？：基于低碳城市试点的准自然实验[J].生产力研究（12）：106-111.

赵春艳，2023.长三角更高质量一体化发展视阈下安徽省工业绿色转型研究[J].芜湖职业技术学院学报，25（1）：52-55.

赵春艳，郝银辉，2023.安徽省工业绿色转型与经济高质量发展耦合协调研究[J].铜陵学院学报，22（2）：3-8.

赵洪生，2017.关于工业绿色发展的目标与路径研究：以江苏常熟市为例[J].现代经济探讨（1）：78-82.

赵西三，2017.数字经济驱动中国制造转型升级研究[J].中州学刊（12）：36-41.

赵依博，2023.我国数字经济发展现状及区域差异探究[J].现代商贸工业，44（18）：16-19.

郑红霞，王毅，黄宝荣，2013.绿色发展评价指标体系研究综述[J].工业技术经济，33（2）：142-152.

中国社会科学院工业经济研究所课题组，2011.中国工业绿色转型研究[J].中国工业经济（4）：5-14.

钟昌标，卢建霖，2023.大数据试验区建设推动我国工业绿色转型了吗[J].江西社会科学，43（1）：122-133.

周均旭，刘冰洁，常亚军，等，2023.数字经济、人力资本投资和绿色创新：基于长江经济带的实证研究[J/OL].科学与管理（07-27）. https://kns.cnki.net/kcms2/detail/37.1020.G3.20230726.1712.006.html.

朱东波，2020.环境规制、技术创新与中国工业结构绿色转型[J].工业技术经济，39（10）：57-64.

朱东波，任力，2017.环境规制、外商直接投资与中国工业绿色转型[J].国际贸易问题（11）：70-81.

朱光福，周超，2021.新型城镇化与工业绿色化耦合协调分析：以长江经济带为例[J].重庆工商大学学报（社会科学版），38（2）：57-65.

邹茸茸，2023.数字经济对产业结构升级的影响研究[J].中国物价（8）：20-22，27.

左志会，2023.数字经济对绿色技术创新的影响研究[D].重庆：重庆工商大学.

BECKER G S, 1962. Investment in human capital: a theoretical analysis[J]. The Journal of Political Economy, 70（5）: 9-49.

FU J P, XIAO G R, GUO L L, et al, 2018. Measuring the dynamic efficiency of regional industrial green transformation in China[J]. Sustainability, 10（3）: 628.

GIDDINGS B, HOPWOOD B, O'BRIEN G, 2002. Environment, economy and society: fitting them together into sustainable development[J]. Sustainable Development, 10（4）: 187-196.

LI C F, SONG T, WANG W F, et al, 2022. Analysis and measurement of barriers to green transformation behavior of resource industries [J]. International journal of environmental research and public health, 19（21）: 13821.

LYU C M, 2022. Research on policy for finance supporting the development of green industry: a case study of Chongqing in China[J]. Sustainability in Environment, 7（4）.

NORANARTTAKUN P, PHARINO C, 2021. How does the green industry policy impact a developing country? A case study of the electronic products and electrical equipment manufacturing sector in Thailand[J]. Environment and Natural Resources Journal, 19（5）.

POLASKY S, KLING C L, LEVIN S A, et al, 2019. Role of economics in analyzing the environment and sustainable development[J]. Proceedings of the National Academy of Sciences, 116（12）: 5233-5238.

TAPSCOTT D, 1997. The digital economy: promise and peril in the age of networked intelligence[M]. NewYork: McGraw-Hiu.